GOUVERNANCE ÉCONOMIQUE ET FINANCIÈRE DANS LES PROVINCES DE LA RÉPUBLIQUE DÉMOCRATIQUE DU CONGO.

Les leçons de l'expérience

Collection « Études africaines »
dirigée par Denis Pryen et son équipe

Forte de plus de mille titres publiés à ce jour, la collection « Études africaines » fait peau neuve. Elle présentera toujours les essais généraux qui ont fait son succès, mais se déclinera désormais également par séries thématiques : droit, économie, politique, sociologie, etc.

Dernières parutions

Jean-Claude TCHEUWA (dir.), *Les organisations internationales africaines. Regards croisés et défis contemporains,* 2022.
Charlemagne SEGBEDJI, *Afro-brésiliens et processus de patrimonialisation dans le sud du Bénin. De la fin du XIX*^e^ *siècle à nos jours,* 2022.
Guy Saturnin TSÉTSA, *Guide pratique de la saisie immobilière en droit Ohada*, 2022.
Ben Aymar BINASSOUA YEHOUESSI, *L'impôt en Afrique de l'Ouest francophone. L'exemple du Bénin,* 2022.
Fatoumata KABA, *Le droit minier et le droit au développement des communautés autochtones. L'exemple de la Guinée*, 2022.
Nico Shambouy MUAMBI, *L'impact de la décentralisation sur les municipalités en Afrique. Stratégies de développement local à Klouékanmè (Bénin)*, 2022.
Joseph ZIDI, *Histoire et usages du nom Kongo, Essai d'interprétation onomastique*, 2022.
Mohamed Ousmane KEITA, *Le Mali : l'État inachevé*, 2022.
Dominique OBA et Hilaire Kevin NZOUSSI, *Histoire de la République du Congo de 1958 à 2017*, 2022.
Saliou dit Baba DIALLO, *Vieillir en migration. Le cas des Soninké,* 2022.
Jean-Luc MOUTHOU, Hilarion Bagel MIZHAIRE, *Pointe-Noire, Dynamique spatiale et équipements urbains au Congo*, 2022.
Benjamin N. LAWRANCE, *Les Éwé sous le joug français. Le colonialisme périurbain au Togo (1900-1960)*, 2022.

David Masamba Famode

GOUVERNANCE ÉCONOMIQUE ET FINANCIÈRE DANS LES PROVINCES DE LA R.D. CONGO

Les leçons de l'expérience

L'Harmattan

Du même auteur :

1. David Masamba Famode, (2022). Ouverture commerciale et développement économique. Procès sur la guerre entre deux partenaires puissamment inégaux : La République Démocratique du Congo et l'Occident, éditions universitaires Européennes, France ;
2. David Masamba Famode (2020). Politiques économiques et de développement : prospections dans le contexte de consensus post-Washington en République Démocratique du Congo, éd. Presses académiques Francophones, France.

L'Harmattan 2023
5-7, rue de l'École-Polytechnique ; 75005 Paris

http://www.librairieharmattan.com

ISBN : 978-2-14-031587-9
EAN : 9782140315879

Dédicace

A ma femme Thérèse Mbebo, et mes enfants Maguy Dewena, Abigail Masamba, Salomon Wihanza et Othniel Bemogale ;
A mon Oncle Adi Bulukoni et ma sœur Maguy Detdamogo.

Remerciements

L'échange entre moi et plusieurs scientifiques sur le projet de cet ouvrage était souvent fructueux, d'où je les remercie tous. Mes remerciements s'adressent aussi vivement aux Professeurs Nzeka Mayebo, Giscard LOANDO Bakombo, et aux Chefs de Travaux Ewango et Mark Tasuka, tous de l'Université de Mbandaka en République Démocratique du Congo. Pour m'avoir encouragé d'élaborer cet ouvrage, qu'ils ont jugé d'une très grande importance avant sa parution même. Que Monsieur Egwake Mosolo reçoive l'expression de ma reconnaissance, pour avoir lu et apporté des corrections constructives au projet de cet ouvrage. Enfin, je remercie ma femme pour m'avoir encouragé durant l'élaboration de cette œuvre.

David Masamba Famode

Introduction générale

Depuis l'avènement de la décentralisation en République Démocratique du Congo (RDC) en 2006, la gouvernance de l'économie et des finances au niveau provincial s'affronte aux multiples difficultés. Ces dernières se détectent sous plusieurs formes, et demeurent à la base de multiples crises politiques à travers le pays. Gaudin *et al* affirment que « la gouvernance a déjà été largement étudiée comme style normatif d'action publique, mais aussi comme clé de lecture des repositionnements contemporains entre l'État et le marché. Cependant, un des angles morts de l'analyse reste sa réception par les élites (…), et en particulier par les leaders locaux ».[1]

Sous n'importe quel angle, l'objectif de la décentralisation dans le cadre d'une gouvernance dite bonne, demeure purement économique. En effet, cette technique vise à décharger le gouvernement central de ses fardeaux financiers, et d'accroitre la production nationale. Cela dit, par la somme des productions dans les provinces, dès lors que les ressources autrefois non prises en compte dans le processus productif national, entrent dans l'état de la technologie.

L'expérience de la gouvernance économique, et des finances dans plusieurs provinces révèle que la plupart des ministres provinciaux n'ont pas su ce qu'ils devraient faire pratiquement, pour déplacer les lignes. Dans l'entre temps, la nécessité de développer leurs provinces a agacé les esprits des gouvernés voire même ceux des partenaires de développement.

Cet état des choses peut s'expliquer par la faible capacité de ces ministres d'orienter la gouvernance de l'économie, et des finances au sein de leurs entités respectives dans une certaine mesure, mais également par d'autres facteurs.

---

[1] Gaudin *et al.*, (2019). Régimes politiques, « gouvernance » et élites locales. Mutation des styles de gouvernement local dans quatre pays émergents (Brésil, Chine, Inde, Maroc). *Revue Gouvernance*, 16 (1), 1–8.

Plusieurs aspects peuvent justifier cette situation. Primo, la gouvernance de l'économie et des finances provinciales est une nouvelle expérience dans le contexte de la glocalisation depuis 2006 en RDC. Pourtant, le ministère y relatif demeure souvent dirigé par un Économiste ou Gestionnaire, ou encore quelqu'un d'un autre domaine.

En se limitant à la formation des cadres sortant de la Faculté des Sciences Économiques Et de Gestion des universités de la RDC, il se pose donc un problème qu'on peut qualifier d'inadéquation de la formation académique, et les réalités au niveau provincial ou du terrain. Secundo, la qualité de la formation en général est au rabais à tel enseigne que la responsabilisation des cadres sortants de nos universités n'inspire aucun espoir. Tertio, le contexte dans lequel cette responsabilité ministérielle provinciale doit être assurée reste complexe. Car aujourd'hui, prendre une décision demeure une fonction de plusieurs paramètres locaux, nationaux et internationaux. Tout compte fait, gouverner l'économie, et les finances provinciales est un grand défi dans l'espace étatique congolais.

Alors que le vin tiré doit être bu, mais comment le siroter ? Le corpus du débat théorique ne donne aucune précision sur le plan pratique en cette matière. C'est ici même l'importance de cet ouvrage qui pourrait permettre à un leader de savoir diriger un ministère de l'économie et des finances au niveau provincial. Et cela nécessite la connaissance de ce qu'on appelle ministère ! Du moins dans notre contexte, le ministère est une fonction d'un ministre chargé du soin des affaires publiques. Par ailleurs, on définit ce concept comme « l'administration centrale dirigée par une personne d'État au sein du gouvernement ».[2]

La fonction du Ministre est loin d'être une question d'activités de routine comme dans certaines professions. Mais plutôt, une fonction de créativité et d'ingéniosité. Cela nécessite que le prétendant occupant d'un poste ministériel, puisse avoir le minimum de capacité d'imaginer, d'innover, et de réaliser des résultats palpables. Cependant, dans beaucoup de cas, la pratique de quotas politiques renverse les critères sacrés pouvant présider

---

[2] Microsoft® Encarta® 2009. © 1993-2008 Microsoft Corporation. Tous droits réservés

au choix rationnel d'un candidat ayant le profil requis pour occuper cette fonction. L'exemple frappant est celui de la nomination d'un Médecin dans le gouvernement Baende dans la province de l'Équateur à l'époque (grand Équateur), à la tête du ministère provincial de l'économie et des finances.
C'est pourquoi, cet ouvrage est écrit en vue d'aider non seulement les membres d'un gouvernement provincial, le public académique, la population, mais aussi les membres du gouvernement national en cette matière. Car si un membre d'un gouvernement provincial ayant l'économie et les finances en charge, peut s'en inspirer pour diriger son ministère, le public académique peut s'en éveiller pour rendre certains enseignements concrets en préparant les étudiants à l'innovation, et au pragmatisme. En outre, le public non académique peut s'en animer pour évaluer un gouvernement provincial, et préparer une sanction démocratique conséquente. En fin, les membres du gouvernement national peuvent s'en éveiller en vue d'aider les ministres provinciaux et les évaluer ; et également, pour agencer la collaboration devant exister entre les animateurs des économies provinciales et de ceux de l'économie nationale.
Cet ouvrage ne constitue pas une forme de sociologie de l'action publique en matière de la gouvernance économique et financière ; mais plus pratiquement, un guide provenant des expériences vécues durant les quelques années en RDC. Il est scindé en trois petits chapitres notamment celui qui concerne le cadre théorique et les enjeux, suivi de celui qui touche le procès, et enfin celui qui recherche la thérapie.
On a tenu plus compte de la précision, et de la concision en vue de mettre à la disposition du public, un outil facilement absorbable. Il est écrit dans un style simple, n'exigeant pas beaucoup de difficultés de compréhension compte tenu de la diversité de publics auxquels il est destiné. Cependant, il constitue un outil irremplaçable qui comble un vide réel en ce qui concerne la formation de ceux qui ont la responsabilité de gouverner nos économies, et finances provinciales.

Chapitre 1.

Cadre théorique, enjeux de la gouvernance de l'économie et des finances provinciales.

1.1. Le contraste ''ressources-pauvreté de la population en RDC''.

Dans les discours tenus par les hommes politiques, les scientifiques, les opérateurs économiques, les fonctionnaires internationaux, les responsables des organisations non-gouvernementales de développement (ONGD) *etc.*, sur la RDC, on note un point commun : ***la RDC est un pays potentiellement riche avec des ressources naturelles scandaleuses, mais occupée par une population suffisamment pauvre***. Certains utilisent l'expression : ***population misérable*** !

En connexion avec cette affirmation, nous pouvons aussi attester que toutes les provinces de la RDC sont scandaleusement dotées des richesses naturelles. Aucune d'elle n'est potentiellement pauvre. Cependant, dans toutes les provinces, les populations humaines vivotent dans une vulnérabilité inconcevable en grand contraste avec ces richesses potentielles.

> S'agissant de la dotation de ce pays en ressources minières, Bashige cité par Yawidi note que « la RDC possède presque toutes les matières premières qui font tourner tous les secteurs de l'industrie moderne. Elle concentre 45% de richesses mondiales ; détient 80% de réserves mondiales de coltan et du niobium ; compte plus de 60% de réserves mondiales du cobalt ; possède les gisements d'uranium les plus riches du monde. La RDC possède la deuxième réserve mondiale en cuivre avec 10% du total recensé sur la planète terre ; la mine de Kov à Kolwezi est la plus riche du monde en teneur, soit 5,8% au mètre carré. Elle dispose des plus grandes réserves d'or du monde à Watsa, dans la province du Haut-Uélé.

La valeur des réserves d'or de cette concession est de vingt-cinq milliards de dollars. Il faut noter que l'or est aussi présent dans d'autres provinces de la République ».[3]

Cependant, la RDC demeure très sous-industrialisée. Elle importe plusieurs biens manufacturés avec les matières premières existant sous diverses formes dans son territoire. Plus elle dépense ainsi des milliers de dollars pour importer, plus elle provoque la détérioration de réserves de change qui conduit carrément à la dépréciation de la monnaie nationale dans une certaine mesure, à la base de la diminution du pouvoir d'achat et de la pauvreté de masse.

Sur le plan forestier, « la RDC possède environ 135 millions d'hectares de forêt naturelle. Cela représente 54% du territoire congolais. La RDC détient à elle seule plus de 45% de forêts denses humides d'Afrique et près de ¾ de forêts du bassin du Congo. La RDC dispose 10% de forêts tropicales du monde entier. Cependant, le niveau d'exploitation reste particulièrement faible, car en dépit de son potentiel de 10 millions de m^3 par an, la production industrielle congolaise stagne toujours en deçà de 500,000 M^3 par an. La production de bois, basée sur une faible superficie est assurée par quelques entreprises industrielles à capitaux étrangers et pour une faible part, par les exploitants artisanaux congolais ».[4]

Par conséquent, la contribution du secteur forestier dans la croissance économique congolaise laisse à désirer, soit environ 1%. Alors que la Banque Mondiale estime que « le secteur forestier peut procurer plus **de soixante mille emplois et un chiffre annuel d'environ deux milliards de dollars américains en RDC ».**[5] A notre avis, ce chiffre peut augmenter sensiblement avec la découverte récente de la plus grande zone de tourbières au monde en RDC.

---

[3] Yawidi Mayinzambi J P, (2020). *Procès de la société congolaise*, éd. Mabiki, Kinshasa-Bruxelles, p. 28-29

[4] Yawidi, *op.cit*, p.30.

[5] Yawidi, *op.cit*, p.30.

Sur le plan énergétique, « la RDC possède un réseau fluvial qui dispose d'un énorme potentiel hydroélectrique, soit 100,000MW ou 13% du potentiel mondial. Le site d'Inga, pris dans l'état de finition, représenterait une production électrique annuelle de 300 térawattheures, 1 térawattheure étant égal à 1 milliard de kilowattheures, soit au total plus ou moins cinquante fois les besoins actuels du pays ».[6]
Notons qu'en dehors d'Inga, plusieurs autres potentialités s'éparpillent dans le pays où on peut construire des barrages hydroélectriques. Cependant, on fait mention de « l'absence de courant électrique pour les 3/4 de la population ».[7] Plusieurs provinces souffrent dans le noir. Ce qu'y bloque l'essor de certaines activités entrepreneuriales. Certes, cette situation explique dans une certaine mesure l'aggravation de la pauvreté de masse en RDC.

> En effet, Kachoko note qu'en « observant le rythme de la croissance économique de la RDC, on s'aperçoit qu'il est faible en moyenne et instable, dans tous les cas loin de l'idéal d'une croissance forte, soutenue et résiliente aux chocs extérieurs. Différentes recherches ont montré que cela tient à la structure de l'économie. Une économie qu'il faut transformer et diversifier pour mieux la développer, comme font remarquer régulièrement les experts nationaux et les partenaires au développement. Mais hélas, ni la transformation structurelle, ni la diversification de l'économie comme l'amélioration de la qualité de vie des populations, ne seront obtenues sans la mise à disposition des activités productives et des ménages, dont l'énergie électrique est indispensable à la couverture de leurs besoins ».[8]

---

[6] Sakombi cité par Yawidi, *op.cit*, p.31

[7] Ntambue-Tshimbulu, *et al.*, (2004). Surmonter les contraintes spatiales et politiques du déploiement et de l'appropriation de l'Internet en République démocratique du Congo ? *Mondialisation et technologies de la communication en Afrique*, 145-168.

[8] Kachoko KK, (2021). *Réforme du secteur de l'électricité en République Démocratique du Congo : les écueils d'une politique publique de développement*, éd. L'Harmattan, Paris, p.1

Sur le plan agricole, « les exportations agricoles ne représentent qu'environ 10 % du produit intérieur brut (PIB) en 2006, contre 40 % en 1960. Jadis florissant, avec une production plus réduite, le secteur agricole aujourd'hui de la RDC totalement paralysé connaît une asthénie de productivité conduisant 73 % de la population congolaise à vivre en insécurité alimentaire, les importations de denrées alimentaires (produits de première nécessité) augmentent, et les exportations des produits de rente baissent. La production s'est en effet réduite depuis quelques années à des activités de subsistance malgré des conditions naturelles favorables (environ 97 % des terres arables bénéficient d'une saison culturale de plus de huit mois dans l'année. De plus, 34 % du territoire national sont de terres agricoles dont 10 % seulement sont mises en valeur) ».[9]

La RDC possède « environ 80 millions d'hectares de terres arables avec plus 70 millions d'habitants dont 77% habitent dans les milieux ruraux et environ 70% vivent essentiellement de l'agriculture. Elle bénéficie d'une diversité climatique pouvant permettre les saisons culturales multiples au cours d'une même année, d'une écologie riche et hydrologie abondante pouvant faciliter diverses activités agricoles ».[10]

En dépit de ce potentiel exceptionnel, « la RDC est caractérisée par une économie extravertie, et fait face à une insécurité alimentaire chronique marquée par une forte dépendance alimentaire en produits de base comme le maïs (...). De ce fait, le pays souffre des déficiences nutritionnelles sévères conduisant près de 71% de la population à vivre en état d'insécurité alimentaire chronique, dont plus de 6 millions de personnes en état d'insécurité alimentaire aiguë et 14% d'enfants de moins de cinq ans souffrant de malnutrition aiguë ».[11]

---

[9]Lumingu, Y. J. M. (2012). Etat de droit et exploitation des ressources naturelles en République Démocratique du Congo. *Verfassung und Recht in Übersee/Law and Politics in Africa, Asia and Latin America*, *45*(3), 344-362.

[10] Chasusse *et al* cités par Tshomba *et al,* (2019). Analyse des effets des programmes de subvention sur la performance des cultures céréalières (Maïs Zea Mays L., et Riz Oriza sp.) en République Démocratique du Congo et en Zambie. *Revue Africaine d'Environnement et d'Agriculture*, 2(2), 39-48.

[11] John *et al.*, (2019). Revue Africaine d'Environnement et d'Agriculture. *Revue Africaine d'Environnement et d'Agriculture*, *2*(2), 39-48.

En fait, « l'économie de la RDC est aujourd'hui bien plus pauvre qu'elle ne l'était à l'indépendance. La désorganisation de l'offre et l'érosion presque continue de la demande l'ont entraînée depuis les années 1970 dans une spirale négative, provoquant l'informalisation de secteurs entiers, voire leur criminalisation, jusqu'à ce que le pays s'installe dans une économie de guerre à la fin des années 1990.[12] Selon les statistiques du Bureau International du Travail (BIT) la population œuvrant dans l'économie informelle est estimée (…) soit 72 % de la population en âge actif ».[13]
On note la mauvaise qualité de l'eau, de l'alimentation, et on fait mention de la malnutrition, de très mauvaises conditions des transports, de forte scolarisation avec une très mauvaise qualité de formation, de mauvaise formation scientifique, de faible accès aux soins de santé, et de technologie archaïque. Selon le PNUD, qui a confié à l'université d'Oxford son étude locale sur la pauvreté, « 87,7 % de la population vivant en RDC est en dessous du seuil de pauvreté, fixé à 1,90 dollar par jour. En outre, 74 % de la population vivent en dessous du "seuil de pauvreté multidimensionnelle" qui tient compte de l'accès aux soins et de l'alimentation ».[14] En 2018, à la fin du dernier mandat du président Joseph Kabila, « le Congo est classé 176e pays sur 200 sur l'indice de développement humain. La misère y est très grande, alors que les riches matières premières (cobalt, diamants, or) sont accaparées par des personnalités corrompues et des entreprises étrangères ».[15]
Plusieurs auteurs ont trouvé que l'une des causes de cette situation était la centralisation du pouvoir couplé d'une dictature. Cependant, le pays est vaste et nécessite une gouvernance de proximité d'où il faut une décentralisation comme solution

[12] Maton, J., & Lecomte, H. B. S. (2001). Congo 1965-1999 : Les espoirs déçus du « Brésil africain », p. 9

[13] Kanté, S. (2002). *Le secteur informel en Afrique subsaharienne francophone: vers la promotion d'un travail décent*. BIT, P. 8.

[14] Agbeviade, D. (2007). Profil de pauvreté infantile dans quatre pays de l'UEMOA: une analyse comparative basée sur l'approche multidimensionnelle de la pauvreté. *Rapport de recherche PEP, 42p.*

[15] Dietrich, C. (2000). Commercialisme militaire sans ethique et sans Frontieres. *Annuaire des Grands Lacs, 2001*, 333-364.

idoine. Et si cela couple d'une bonne gouvernance, le problème peut être résolu dans une certaine mesure !
Entre 2010 et 2015, « le pays a connu une croissance moyenne de 7,9 % avec un pic de 9,2 % en 2014 et une inflation largement maîtrisée. Avec la chute de cours des matières premières et la crise politique en 2016, le taux de croissance n'était plus que de 2,4 % avant de remonter à 3,4 % en 2017 ».[16]De surcroît, « environ 40 000 enfants travaillent sans protection et dans des conditions extrêmes de pénibilité dans le secteur informel des mines de cuivre et cobalt qui s'est anarchiquement développé depuis les années 1990, au profit de revendeurs et de compagnies privées (ex : Chemaf, Somika, Rubamin, Volcano et notamment le Groupe Bazano via un comptoir appartenant à un Libanais pour faire traiter ses produits dans les usines Bazano de Likasi), sans respect du code minier ou du droit international du travail ».[17]
Ce portrait fait état d'un système de gouvernance à questionner. Car si parmi les solutions administrées se trouve la bonne gouvernance dans un contexte d'une décentralisation-thérapie, comment la situation ne fait que s'aggraver ?

1.2. Gouvernance : quid ?

Dans son sens large, la gouvernance est définie comme « l'ensemble des interactions publiques, et privées entamées pour résoudre des problèmes de société ou pour réaliser les ambitions de cette société. Elle comprend la formulation, l'application et le respect des règles du jeu, des lois, des normes et valeurs, ainsi que leur maintien ».[18] Conformément aux orientations des Nations Unies, la bonne gouvernance est mesurée par les huit

[16] Heyer, É., & Timbeau, X. (2017). La routine de l'incertitude. *Revue de l'OFCE*, *151*(2), 13-134.
[17] Cotton *et al.,*. (2014). Stratégies d'influences autour des ressources minières-Cuivre, Cobalt, Coltan-dans l'Est de la République Démocratique du Congo. *Associations d'Ecole de Guerre Economique. Available: https://www. ege. fr/download/etude_minier_RDC_ege2015. pdf (Accessed 18 October 2018)*
[18]Bavinck, *et al* cités par Dieuwke, (2010). *Promouvoir la Bonne Gouvernance des Entités Territoriales Décentralisées et des Provinces en RÉPUBLIQUE DÉMOCRATIQUE DU CONGO*, Atelier d'écriture, Cordaid Wageningen UR Centre for Development Innovation, p. 9

facteurs de participation que sont la règle de loi, la transparence du répondant, le consensus orienté, l'équité et l'inclusivité, l'effectivité et l'efficience, et le devoir de rendre compte. Dans cette œuvre, il ne s'agit pas d'analyser l'expérience de la gouvernance de l'économie et des finances en fonction de ces facteurs. Déjà on doit signaler que l'échec est patent ! Ce qui révèle que ces facteurs ne sont pas observés par-ci par-là à travers le pays. Dans notre présent diagnostic, on va au-delà de cette considération pour dégager les racines réelles des problèmes qui se manifestent dans cette gouvernance.

Généralement, on accepte que ce fût en 1990, où a émergé une réflexion plus profonde sur le rôle régulateur de l'État, en réaction à la vision, jugée techniciste, du *New Public Management*. Des auteurs comme Guy B. Peters, Donald j. Savoie ou Pierre Calame ont insisté alors sur le fait que « la crise de l'État ne connaît pas seulement une crise interne touchant à ses fonctions, et à sa structure. Cette crise concerne davantage la capacité de l'État à asseoir sa légitimité ainsi qu'à formuler des politiques publiques en phase avec les besoins socio-économiques.[19] Cependant, certains détracteurs de la bonne gouvernance y voient une idéologie du désengagement de l'État-Providence, voire une théorie de la décomposition de l'État, à l'œuvre depuis le tournant néolibéral des années 1980 ».[20] Et il faut signaler en passant que la RDC avait adhéré au consensus de Washington inspiré du courant néolibéral dont il est question.

Jean-Christophe Mathias dénonce « l'abandon du terme "gouvernement" au profit de celui de "gouvernance" en expliquant qu'il s'agit là d'une rupture du pouvoir décisionnaire de l'État garant de la souveraineté populaire, remplacé par une démocratie participative n'ayant, selon lui, aucun attribut réellement politique. Pour ce chercheur indépendant, "le glissement du gouvernement à la gouvernance démontre que l'on est passé d'une civilisation de la souveraineté populaire incarnée dans la loi républicaine, garante de l'intérêt général, à une société

---

[19]Hamel *et al.*, (2006). *Un modèle québécois ? gouvernance et participation dans la gestion publique*. PUM.

[20] Hibou, B., & Samuel, B. (2011). Macroéconomie et politique en Afrique. *Politique africaine*, (4), 5-27.

pragmatiste, particulariste et utilitariste, qui garantit les intérêts économiques singuliers, dans laquelle la notion de bien commun n'a plus de place véritable ».[21]
Dans le même ordre d'idées, Uzunidis *et al*, estiment que « si la théorie de la bonne gouvernance semble pertinente au vu des problèmes institutionnels que rencontrent la plupart des pays en développement, elle reste cantonnée dans l'immobilisme néoclassique. L'intérêt pour une politique économique active est beaucoup plus grand face à la crise que traverse aujourd'hui le schéma néo-mercantiliste que les pays industriels ont suivi à la lettre depuis plus d'un siècle ».[22] Cependant, une idéologie ne peut pas forcement bloquer la volonté d'orienter l'histoire en s'inscrivant dans la logique du développement.
La vérité qui se cache derrière ces pensées demeure celle de la recherche de l'amélioration des conditions de vie. Car si l'on s'inscrit dans la logique prônée par la Banque Mondiale (BM) selon laquelle la bonne gouvernance constitue la solution appropriée contre la pauvreté de masse, cela n'exclut pas l'exercice de la souveraineté en vue de rendre durable cette solution. La bonne gouvernance doit s'interposer en vue d'un développement caractérisé par une réduction sensible de la pauvreté de masse entre les deux extrêmes : l'exercice de la souveraineté, et le laisser faire du marché. Signalons que le marché a montré ses limites, et donne par conséquent l'opportunité d'adopter l'interventionnisme public, mais bien sûr dans une certaine mesure ! Dans tout cela, ce qui reste très important concerne l'implication de toutes les couches dans le processus de prises de décisions. Et aussi dans les actions à mener en vue d'améliorer les conditions de vie.
A savoir qu'entre les deux extrêmes, se trouve l'espace dans lequel les organisations internationales naviguent sans beaucoup de difficultés. Car plus les économies s'intègrent, plus la politique ne se disloque. Ainsi, dans la logique actuelle en RDC,

[21] Des ressources, E. D. G. (2018). *Regard des citoyens sur nos dirigeants depuis l'indépendance* (Doctoral dissertation, Université D'Antananarivo), p. 12

[22] Uzunidis *et al,* (2008). Le développement dans la mondialisation : crise de la gouvernance mondiale et retour de l'État, *Recherches internationales*, n° 84, 105-131.

la décentralisation s'est effectuée dans un cadre international d'intégration économique lourdement surveillé par les grandes organisations internationales. Cela implique que les décideurs au niveau provincial en RDC, puissent tenir compte du cadre national et international de la gouvernance. C'est-à-dire que « le cadre de décisions au niveau provincial peut être qualifié de glocalisant ».[23] Autrement dit, le contexte de cette gouvernance demeure caractérisé par des considérations globales et locales, d'où le concept glocalisation !

La décentralisation est le transfert d'une partie du pouvoir et des ressources de l'État national à des instances régionales ou locales ou à des organisations paraétatiques. On la définit aussi comme une « réforme politique par laquelle le gouvernement central cède formellement des prérogatives à des acteurs, et à des institutions des niveaux plus bas de la hiérarchie politique, administrative et territoriale. Pour contribuer et consolider l'unité nationale, donner une plus grande efficience au processus démocratique, promouvoir l'équité dans l'utilisation des ressources publiques et dans la fourniture des services publics de l'État ».[24]On rappelle qu'il existe neuf fondements de la décentralisation à savoir : subsidiarité, autonomie, efficacité, proximité, valorisation, participation, la supériorité, la solidarité et la coopération.

La subsidiarité est un principe suivant lequel « tout problème doit être résolu au niveau le plus bas où on puisse le réaliser, et où il est le plus pertinent. Le gouvernement central n'intervient pas dans l'administration des affaires locales sauf là où c'est vraiment nécessaire, pour laisser la grande responsabilité des compétences au niveau local, et ainsi favoriser une administration de proximité et efficiente ».[25] Cela suppose que « l'entité territoriale décentralisée doit se voir reconnaître le pouvoir capital, le droit de s'administrer elle-même pour certaines affaires transférées par le pouvoir central, et de jouir

[23] Qui tient compte de la dimension locale et en même temps, de la dimension globale

[24] Chinga cité par Mabiala, (2009). Les Fondements de la décentralisation, (sous la direction de) Mabiala, *Le processus de la décentralisation en République Démocratique du Congo*, Konrad Adenauer, 15-54

[25] Mabila, *op.cit.*

d'une certaine autonomie, tout en restant soumise au contrôle national. Cela ne peut que conduire la province d'être efficace c'est-à-dire la capacité réelle de répondre aux besoins et attentes des gouvernés, de prévenir et de résoudre les problèmes concrets qui préoccupent les citoyens ».[26]

Ce principe montre que la plupart des problèmes qui criblent la population congolaise peuvent être actuellement résolus au niveau provincial ou local avec implications directes des autorités locales.

Gaudin *et al.,* note qu'en « contournant la controverse entre thuriféraires et détracteurs de la gouvernance pour la constituer en point original d'entrée pour l'exploration des recompositions politiques dans les pays du Sud, les auteurs ont pu éclairer le travail de la gouvernance dans une double mesure. D'une part, ils ont analysé ce que la gouvernance fait aux espaces locaux dans lesquels elle s'inscrit : valorisation de certains profils d'élites, modalités d'accès et de répartition de ressources rares, arrimage des groupes sociaux à l'action publique, redéfinition des espaces de compétition. D'autre part, à distance de la légende néo-libérale, les textes de ce recueil ont aussi pris en compte les différentes opérations de traduction, les réemplois, mais aussi les malentendus et les ruses plus ou moins opératoires auxquels donne lieu la gouvernance, en d'autres termes, ses usages pratiques ».[27]

Comme pour dire que la décentralisation trace la voie de développement dans un contexte de l'émergence de pouvoir du marché, et de responsabilité des acteurs les plus concernés. Tout semble ici se résumer comme si on veut le développement avec les gouvernés, et un peu plus avec le pouvoir du marché. Le fondement de cette acception se trouve dans la pensée même de la décentralisation que nous avons souhaité analyser dans la suite.

1.3. Pensée de la décentralisation

Par essence l'État existe pour régler les rapports sociaux, et propulser l'économie. À l'époque antique, la gestion était fondée

---

[26] *Idem*

[27] Gaudin *et al., op.cit.*

sur le droit canonique, l'économie était soumise à des règles morales et religieuses. C'est après que l'économie s'est émancipée de la préoccupation morale. Ce qui avait donné une place à la pensée libérale. Cette doctrine prône que l'économie soit régulée uniquement par la main invisible, c'est-à-dire par la force autodynamique ajustant les grandeurs du marché. Cependant, elle a connu ses limites dans les années 1929-30 avec la crise de surproduction ayant vu jour aux USA.

Ainsi, avec le travail de Keynes, l'interventionnisme du pouvoir public était entré dans la sphère économique. En cela, il a été démontré qu'une partie de la croissance économique d'une entité est expliquée par le niveau d'organisation institutionnelle. Ce niveau se remarque à travers sa capacité de produire, et de faire respecter les règles des jeux. La formalisation des règles permet « une production de richesse accrue laquelle en retour, permet de financer les dispositifs institutionnels coûteux assurant la sécurité des transactions à une échelle systémique ».[28] Parce que le développement est un processus politique et culturel avant d'être économique et technologique.

De surcroît, « la qualité des institutions, et la performance économique des pays dépendent avant tout de leurs organisations ».[29] En contrario, si le pouvoir public en question souffre de certaines insuffisances dans son rôle, sa corrélation avec la croissance de l'entité s'affaiblit. Or cela conduit ipso facto à la déliquescence et la fragilité de l'État, qui demeurent des phénomènes d'actualité en Afrique en général et en RDC en particulier.

Généralement, « l'argument fondateur de la décentralisation est qu'elle permet de mieux prendre en compte les préférences des acteurs locaux, dans la fourniture d'un grand nombre de services collectifs. Les prestations fixées par le gouvernement central sont en général uniformes dans l'espace national. Or, nombre de services peuvent être mieux ajustés aux préférences des citoyens, si ces dernières sont diverses, en les offrant au niveau

---

[28] Meisel *et al.*, (2008). L'insaisissable relation entre bonne gouvernance et développement. *Revue économique*, *59*(6), 1159-1191.

[29] Nyambal, (2006). *Créer la prospérité en Afrique : Dix clés pour sortir de la pauvreté*, Éd. L'Harmattan, p. 23

décentralisé ».[30]L'expérience de la décentralisation en RDC fait voir que les préférences des acteurs locaux sont mises au second plan ou tout court non prises en compte par les gouvernants locaux. Et le fossé persiste toujours même si on a imaginé que ce transfert du pouvoir central au niveau local pourrait rapprocher les gouvernants des gouvernés.

À notre avis, la décentralisation dans un contexte de la mondialisation subodore deux idées. Il s'agit d'abord de la nécessité de prise en compte des réalités locales, et celle d'apprécier les influences de la mondialisation. Mais si le local n'est pas pris en compte, il est fort probable que le global ne soit même pas vu ! car « le développement local ne s'applique pas partout de la même manière. Il s'agit plutôt d'une façon de penser le développement qui, en se centrant sur les individus, vise à recréer la volonté, et la capacité d'un milieu à produire son développement ».[31]

C'est pourquoi, « la capacité de ceux qui gouvernent à formuler, et mettre en œuvre des politiques publiques, et à fournir des services publics aux citoyens est une exigence ou condition prioritaire pour la croissance ».[32] Or parler de la capacité suppose la présence des animateurs hautement qualifiés, et non des politiciens depuis leurs berceaux. En clair, le contexte actuel a besoin des ingénieurs hautement qualifiés, possédant le pouvoir de transformer positivement la société en connivence avec des économistes, sociologues, juristes *etc.* qui regardent au-delà du nez et du verre de la bière.

En fait, « le transfert de responsabilité au niveau local semble plutôt avoir un objectif purement économique ».[33]Et « l'idée centrale est apparemment de mettre en œuvre un état minimal

---

[30] Dafflon *et al.,* (2018). La décentralisation au Togo : analyse économique et institutionnelle, p. 5

[31] Vachon cité par Denis Geoffroy, (2004). La gouvernance économique : le cas de Rouyn-Noranda, Mémoire présenté à l'université du Québec à Chicoutimi comme exigence partielle de la maîtrise en gestion des organisations, p. 5.

[32] Kaufmann *et al.,* (2007). La Gouvernance dans le monde : constats et implications pratiques. *Présentation au colloque du Conseil National Économique et Social (CNES)*, p. 11.

[33] Peemans *et al.*, (1995). *Stabilité politique, Ethnicité et dimensions socioéconomiques de la gouvernementalité locale*, Tome 9, Bruxelles, AGCD, p. 71

fonctionnel par rapport au marché.[34] Dans ce sens, la finalité des actions des animateurs de ce pouvoir demeure la consommation de masse, gage du développement. Cependant, les études menées jusqu'à présent sur la décentralisation en Afrique ont fait le constat amer de la faillite et de l'échec de cette technique ».[35]

Lors d'un échange entre moi, et un chercheur en Sciences politiques de l'Université de Mbandaka, celui-ci affirme que le niveau actuel de la gouvernance en RDC est caractérisé par le symbolisme consultatif, et la thérapie contre les problèmes surgis ou créés[36]. Par symbolisme consultatif, il veut montrer que contrairement à ce que prône la décentralisation, la vraie participation de gouvernés n'existe pas. Plusieurs consultations symboliques ont été effectuées en RDC, sans que les problèmes révélés soient réellement pris en compte ! Par ailleurs, au lieu de trouver des solutions aux problèmes de la population avec cette même population, souvent on lui amène une solution improvisée dont elle n'a pas participé au diagnostic ayant conduit à sa conception.

Lorsqu'il emprunte le concept médical ''thérapie'', c'est peut-être pour montrer que le malade ne participe ni au diagnostic moins encore à la conception de traitement. Cependant, c'est faux ! Car pour ceux qui ont été déjà malades et consultés par un Médecin, souvent la méthodologie adoptée par ce dernier consiste à échanger avec le patient pour localiser la racine du problème, et ensuite proposer une thérapie que parfois le malade, s'il n'est pas en état de l'inconscience, est invité à valider. On remarque que le traitant demande l'avis du patient s'il peut accepter de prendre tel ou tel autre médicament. Ils cherchent à savoir si le malade est allergique ou non aux médicaments à prescrire.

Devant cette clarification, il nous revient de préciser que le niveau de notre gouvernance est caractérisé bien sûr par le symbolisme consultatif et l'improvisation thérapeutique. Cela donne l'envie de scruter l'expérience à notre portée jusqu'à

---

[34] Peemans *et al.*, *op.cit.*, p 30.

[35] Oyong, (1996). Réforme d la Territoriale de l'administration et des entreprises publiques. *Quelle économie pour le Zaïre ?* Kinshasa, éd. PUFK, 195-220

[36] Propos recueilli auprès de Ewango Djibril, Chef de Travaux à l'Université de Mbandaka.

révéler les causes à la base de cet état de choses. En ce qui concerne la RDC, Ngoma argue « qu'il ne s'agit pas d'une décentralisation démocratique, mais plutôt une décentralisation autoritaire, une parodie de décentralisation, une décentralisation de façade ».[37] Pour preuve, il y a plusieurs forums autour de la décentralisation qui disent ''oui, nous voulons que le processus avance''.

Mais sur terrain, dans la pratique, il n'avance pas vraiment. Donc, « il y a cette pression des provinces, mais le pouvoir central n'ouvre pas vraiment les portes. C'est donc à ce point-là que le projet de la décentralisation est vraiment perdu ».[38] L'exemple emblématique de cette mauvaise volonté demeure le refus du pouvoir central de rétrocéder les 40% de recettes à caractère national aux provinces mensuellement comme il est prévu dans la constitution. Donc, la décentralisation telle que pratiquée en RDC est une coquille vide.

1.4. Objectif de la bonne gouvernance

A savoir que « deux théories incarnent les objectifs de la gouvernance à savoir : la théorie des contrats »,[39]et la théorie de la régulation. Dans la première, la gouvernance est définie comme « une structure contractuelle permettant aux acteurs de se coordonner dans le cadre de relations économiques ; dans la seconde, la gouvernance apparaît comme une structure politique, représentée essentiellement par l'État, intervenant localement dans la réalisation du développement économique local ».[40]

La gouvernance a un objectif purement économique. Car c'est à l'occasion de discussions soulevées par l'étude prospective à long terme concernant l'Afrique au sud du Sahara, en 1989, qu'a surgi la thématique de "*governance*", en rapport avec le développement économique. On a affirmé « qu'ayant constaté

---

[37] Ngoma *et al* cités par Gaynor, N. (2013). *Gouvernance locale, Conflits et Consolidation de la paix en République Démocratique du Congo*, p. 20

[38] Gaynor, *op.cit.*, 20

[39] Williamson O.E. (1981). The Modern Corporation: Origins, Evolution, Attributes. *Journal of Economic Literature*, volume xix, 1 537-1 568.

[40] Bertrand Nathalie *et al.*, (2004). La gouvernance locale, un retour à la proximité. *Économie rurale*, n° 280, *Proximité et territoires*, 77-95

les échecs répétés de l'ajustement, les experts de la BM en viennent à recommander d'agir en amont, afin de fournir au développement un cadre politico-institutionnel adéquat ».[41]
L'optique est que de la même manière que « la théorie du *business management* voit dans l'organisation un aspect central du succès en affaires, l'approche en termes de gouvernance, traite de la nature des régimes politiques comme une véritable clé de la gouvernance dans les domaines économique et social ».[42]
Cependant, si la théorie de la bonne gouvernance semble pertinente au vu des problèmes institutionnels que rencontrent la plupart des pays en développement, elle reste cantonnée dans l'immobilisme néoclassique.
En cette matière, Vachon articule son discours autour « d'un partenariat entre différents acteurs d'une communauté afin d'avoir une cohésion et une concertation mobilisatrice. Cet accord n'est pas un simple exercice d'échange d'informations ou de débat. Elle implique l'alliance et l'échange de compétences et d'énergie en vue de l'avènement d'un but commun : le développement local. Elle crée une synergie parmi les collectivités, et les acteurs qui ont décidé de collaborer au développement »[43]. On retient dans cette conception, la connivence selon laquelle une synergie de forces doit s'obtenir en vue d'atteindre un objectif fixé.
On voudrait ici souligner que la bonne gouvernance dans le contexte de la glocalisation signifie aussi manque de transparence. C'est-à-dire en situation de compétition, les stratégies de développement que les acteurs locaux ou domestiques conçoivent ne doivent être étalées aux adversaires ou aux rivaux. C'est à ce niveau que la bonne gouvernance signifie aussi manque de transparence. Il ne faut pas tout

[41]Yao Assogba, (2000). Gouvernance, économie sociale et développement durable en Afrique. *Cahiers de la Chaire de recherche en développement communautaire*, éd. CRISES et CRÉPUBLIQUE DÉMOCRATIQUE DU CONGO Université du Québec à Hull, Série Recherche no. 16, 36.

[42] Peemans *et al. Op.cit.*, 30-31

[43] Vachon cité par Denis Geoffroy, (2004). La gouvernance économique : le cas de Rouyn-Noranda, Mémoire présenté à l'université du Québec à Chicoutimi comme exigence partielle de la maîtrise en gestion des organisations, p. 4.

médiatiser ce que vous voulez faire pour le développement de votre entité. Car il est même démontré que 3dans la mondialisation actuelle, certains partenaires utilisent des moyens abusifs pour affaiblir les autres ».[44] Ainsi, c'est facile pour d'autres partenaires en rage de dominer de développer des contre-stratégies dès lors qu'ils sont en possession des informations de nature à les renverser sur le plan économique. Les dirigeants de la RDC en général doivent apprendre à disposer des secrets stratégiques lorsqu'ils veulent parler de développement. La liberté de presse n'entre pas jusqu'au centre discrétionnaire du pouvoir s'il vous plait !

Faire participer le peuple dans le processus de développement ne signifie pas seulement, leur donner l'occasion n'élire leurs représentants. C'est aussi faire conjuguer toutes les forces scientifiques dans la poursuite d'un objectif à atteindre. On peut avoir 200 représentants du peuple sans avoir même un seul scientifique. On peut être entouré par dix conseillers sans avoir même un seul qui soit capable de proposer des solutions fiables aux problèmes de la société. Dans cette condition, il faut aller au-delà de cercle politique si on veut un vrai développement.

1.5. Enjeux de la gouvernance de l'économie et des finances provinciales en RDC.

Une province peut beaucoup perdre si les principes de la bonne gouvernance du secteur économique ou/et financier ne sont pas respectés. Notamment, la relance des activités économiques détruites pendant les différentes périodes tumultueuses en RDC. On compte parmi ces activités, des exploitations agro-industrielles abandonnées, des entreprises brutalement fermées, des projets demeurés éléphants blancs, *etc*. Pourtant, des milliers de dollars y ont été injectés.

On peut perdre les opportunités d'exploitation des nouvelles potentialités agricoles, minières, halieutiques, forestières *etc*. On ne saura pas inciter les investisseurs locaux en vue de prendre en

---

[44] Masamba Famode D *et al*, (2020). Relation commerciale entre l'Occident et la République démocratique du Congo à l'épreuve de la compétition : D'objectifs contradictoires aux stratégies palliatives. *International Journal of Applied Research*, 6(3), 264-271.

compte ces nouvelles opportunités. Pour besoin de précision, parler des investisseurs ne signifie pas que les blancs doivent revenir comme pensent jusqu'alors beaucoup de gouvernants provinciaux. On a vu plusieurs d'entre eux faire des tours dans d'autres continents comme pour dire qu'ils ont été à la recherche des investisseurs. C'est aberrant de penser ainsi ! Car économiquement parlant, un investisseur est un placeur des sommes d'argent dans une entreprise pour tirer des profits ultérieurs éventuellement durables. Nulle part, il n'est dit que c'est un blanc, comme pensent nos dirigeants locaux dans leur vaste confusion !

C'est-à-dire on peut perdre les opportunités de mettre en valeur les potentialités que dispose une province si on ne gouverne pas l'économie provinciale suivant ses grands principes sacro-saints. On peut aussi perdre l'opportunité de piloter le développement économique provincial en ne gouvernant pas selon les principes sacro-saints de la gouvernance. En fait, le développement signifie que la production provinciale ne fait que s'accroitre au bénéfice de toute la communauté. Car les revenus individuels ne font qu'augmenter, et alimentent les dépenses visant le bien-être de toute la population.

On peut perdre également la chance d'accroitre la capacité financière publique provinciale en créant beaucoup d'activités soumises aux taxes et impôts. Cependant, développer l'économie locale signifie occasionner l'avènement de plusieurs activités économiques de nature à diminuer le chômage, et accroitre les revenus des habitants, conduisant au bien-être de toute la population.

Dans le contexte de la décentralisation, l'industrialisation peut aussi s'obtenir localement si un gouvernement provincial prend en considération les grands principes de la gouvernance économique locale. Aujourd'hui, il est pratiquement, impossible de dresser un programme industriel national, et le faire respecter. C'est pourquoi, les provinces peuvent développer des programmes industriels provinciaux en concordance avec le gouvernement national en vue de créer plus des valeurs ajoutées. Précisons que toutes les provinces ne peuvent pas se développer de la même façon. Chacune dispose des ressources différemment des autres, et c'est ce qui caractérise les provinces de la RDC.

Ces particularités nécessitent également des particularités des programmes d'actions et des visions.
Bref, on peut perdre l'occasion de lutter efficacement contre la pauvreté de masse si on ne se sert pas des idées minimales décrites dans cet ouvrage en vue de gouverner réellement les économies et les finances provinciales.
Cependant, on peut gagner si on arrive à respecter les principes qu'on va décrire ci-dessous.
Généralement, l'économie provinciale couvre une faible préoccupation conjoncturelle notamment l'évolution des prix des biens, l'évolution aberrante et endémique des taux de change *etc*. Elle couvre plutôt les préoccupations structurelles. C'est dans ce sens que le ministère ayant l'économie en charge demeure un domaine de conception des politiques économiques de croissance notamment les politique agricole, forestière, minière, industrielle, *etc.,* même si au niveau national, le ministère ayant l'économie en charge peut s'en occuper, mais en priorité, elle demeure l'apanage du gouvernement provincial. Par exemple, sur le plan industriel, chaque province devrait se lancer de manière que le gouvernement national vienne seulement en appui.
Cela montre le caractère transversal de ce ministère. D'autres personnes peuvent se poser la question de savoir pourquoi la politique agricole peut être une politique économique de croissance provinciale alors que le ministère de l'agriculture au niveau de la province existe ?
Il faut noter que les bonnes politiques économiques de croissance doivent se concevoir et s'établir en cheval entre les ministères provinciaux. Selon le principe d'interministérialité, il n'y a pas un ministère qui fonctionne en vase clos ! Cependant, dans certains gouvernements provinciaux, quelques ministres estiment que les autres piétinent leurs matières, et fustigent cette interaction positive. Cela relève tout simplement de manque de maîtrise, et de l'inexpérience de ces derniers. Alors que si les ministres se mettent en synergie dans la conception des politiques sectorielles visant la croissance économique, l'efficacité de leurs mises en œuvre s'accroit largement !
Cela peut permettre à ce que la province provoque des diverses activités économiques donnant lieu à la création d'emploi,

d'augmentation des matières imposables en accroissant la capacité financière au niveau de la province, de lutter réellement contre la pauvreté en matérialisant le programme de développement, *etc*.

Dans l'ordre international actuel, les activités paradiplomatiques sont inévitables voire indispensables, au regard du rôle qu'elles jouent, ne serait-ce que pour favoriser l'attraction d'investissements extérieurs et le développement économique. Le rôle de ces entités supra-étatiques sur le plan international est d'autant plus important, lorsqu'on considère la crise qui s'est abattue sur l'État depuis une quarantaine d'années. En Afrique, surtout dans les années 1980-1990, les échecs de l'Etat-modernisateur causèrent des graves difficultés aux gouvernements centraux et locaux qui se trouvèrent confrontés à *« l'ingouvernabilité »*.

Gouverner signifie diriger politiquement (un État, un territoire ou une communauté humaine).[45]Or une communauté humaine demeure la carapace de plusieurs problèmes touchant divers domaines parfois avec un enchevêtrement terrible. Ainsi, gouverner pourrait signifier : faire intervenir les acteurs de tous les secteurs de la vie sociale dans le processus de la recherche d'amélioration des conditions des humains ! C'est-à-dire que le pouvoir transféré n'est pas seulement politique, financier et administratif mais aussi et surtout scientifique !

Alors, la décentralisation est adoptée en RDC à l'ère de changement de paradigme de la gouvernance comme une panacée efficace contre la pauvreté de masse, et le vieux questionnement autour du développement. Par conséquent, si sa mise en œuvre n'est pas efficace, on peut perdre l'opportunité d'amorcer le développement dans les provinces ou tout court, en RDC. De surcroît, on peut perdre l'opportunité d'exploitation de ressources naturelles, ce qui peut entretenir dans une certaine mesure la perte d'opportunité de développement économique, et par ricochet, la perte de la croissance de la capacité financière dans nos provinces. Tout compte fait, on peut perdre tout court l'occasion de se développer.

---

[45] Microsoft® Encarta® 2009. © 1993-2008 Microsoft Corporation. Tous droits réservés

En cela, un grand intérêt se dégage, celui de connaître les problèmes relatifs à la gouvernance de l'économie et des finances dans les provinces de la RDC.

Chapitre 2.

Problèmes de gouvernance de l'économie et des finances provinciales.

La gouvernance de l'économie et des finances à travers les provinces de la RDC a connu des sérieux problèmes. Dans ce chapitre, nous avons d'abord abordé les problèmes relatifs à la gouvernance économique, ensuite ceux relatifs à la gouvernance du secteur financier. En vue de toucher la dimension entrepreneuriale de cette gouvernance, quelques problèmes relatifs à l'entreprenariat ont été identifiés aussi. Les problèmes sont nombreux, d'où on n'a réussi pas à les identifier exhaustivement avec leurs racines. Néanmoins, on a identifié la plupart de ces problèmes dans les lignes qui suivent.

2.1. Problèmes relatifs à la gouvernance de l'économie provinciale.

2.1.1. Une nouvelle expérience

Diriger un ministère de l'économie, des finances et des PME au niveau provincial en RDC est une pratique apparemment nouvelle dans le contexte de la décentralisation post-conflits, depuis 2006. Cependant, ceux qui acquièrent cette nouvelle expérience finissent par quitter les gouvernements concernés au regard de la succession de mandats dans presque toutes les provinces. Cela occasionne un recommencement permanent dans les gouvernements provinciaux, et viole en quelque sorte, la théorie de l'accumulation du capital humain.
Cette dernière démontre qu'une large partie de la croissance économique est déterminée l'ensemble de connaissances acquises par les individus. De surcroît, l'expérience permet d'avoir avec le temps, un savoir-faire ou une connaissance de la vie. Cependant, pendant qu'un ministre provincial est en train d'acquérir cette expérience, la population attend de lui, et de tout le gouvernement provincial, des performances concrètes. Et comme l'évaluation ne tarde pas à s'opérer, les adversaires

politiques formulent des critiques qui ne mettent pas à l'aise, les membres du gouvernement provincial en question.

Cette nouvelle expérience qui recommence de temps en temps dans les provinces, se fait au moment où le monde est de plus en plus mondialisé. C'est-à-dire que prendre une décision dans un coin du monde, devient aujourd'hui une fonction de plusieurs paramètres difficilement maitrisables. Ces dernières ne sont pas seulement locales, d'autres dépassent les limites frontalières de pays. C'est-à-dire que prendre une décision aujourd'hui au niveau provincial est une tâche glocale.[46]A cet effet, il faut utiliser les monstres sacrés pour le développement en vue d'atténuer le risque d'irrationalité dans le processus des prises des décisions. On a besoin dans nos provinces aujourd'hui, des vrais leaders !

Au regard de quelques expériences observées, les ministres provinciaux demeurent tiraillés entre le temps de conception qui requière une concentration, et les affaires purement politiques qui leur rendent l'environnement du travail difficile et complexe. En outre, les membres de leurs cabinets demeurent parfois dans les activités purement administratives. Mais s'ils peuvent prendre au-delà du tout, des initiatives, il faut qu'ils soient lourdement dotés de la capacité de conception et d'innovation. Autrement dit, ils doivent sortir d'un système académique de bon niveau. Pourtant, en RDC en général, la formation académique est désacralisée, et non adaptée aux enjeux de l'ère. Cela conduit tout court à l'incapacité de ceux qui arrivent au pouvoir tant au niveau national que provincial à booster les choses de l'avant.

Au regard de cela, il va de soi que le recommencement de la nouvelle expérience de diriger le ministère provincial de l'économie et consorts, constitue un défi à relever devant les gouvernements provinciaux en vue de contribuer au développement depuis l'avènement de la décentralisation.

[46] Concept forgé qui signifie tout simplement, ce qui tient compte de contexte local et global.

2.1.2. Inadéquation de la formation académique en RDC par rapport à la responsabilité ministérielle provinciale de l'économie et des finances.

On a affirmé que « le niveau d'instruction de l'ensemble de la population (…) détermine la capacité de cette dernière à prendre part au développement (…), à bénéficier des avancées de connaissances, et à les faire progresser en contribuant ainsi à l'instruction des autres ».[47]Cependant, dans les provinces décentralisées en RDC, moins d'importance est accordée aux hommes bien formés, ayant qualité de déplacer les bornes qui bloquent le développement.

On a noté « qu'après 80 ans de colonisation belge auxquels il faut ajouter 60 années depuis l'indépendance, la RDC continue à vivre avec un système éducatif qui porte des tares héritées de la colonisation notamment en ce qui est de sa structure où prédomine un enseignement de type général.[48] Toutefois, un pays qui ne prend pas à cœur l'éducation de ses citoyens, plus particulièrement de sa jeunesse, ressource la plus précieuse pour son avenir, retarde sa marche vers le progrès ».[49]

Jusque-là, l'enseignement demeure calqué sur le système éducatif hérité de la colonisation. Or « le contenu de l'enseignement qui était dispensé au colonisé se définissait non par rapport aux objectifs du développement, mais par rapport aux préoccupations du colonisateur, lesquelles préoccupations consistaient à mouler le colonisé de manière à en faire un sujet totalement acquis à sa cause, et prêt à l'accompagner de manière tout à fait servile dans l'accomplissement de son entreprise colonisatrice ».[50]

---

[47] Senda, (2012). L'école congolaise au service du politique : un regard rétrospectif. *Contribution à la réalisation des objectifs du millénaire pour le développement en République Démocratique du Congo. Rôle de la compétitivité dans le processus de développement.* Actes de la grande conférence de la Faculté des Sciences Economiques et de Gestion, IRES, éd. Universitaire, 307-318

[48] Senda, (2012), *op. cit*

[49] Ekwa Martin cité par Lompoto, (2014). Diplomatrie ou le viol de l'éducation. *Dévoilement,* 00, 34-60

[50] Senda Lusamba Joseph, (2012), *op.cit.*

En cette matière, Gasibirege cité par Yawidi note que « durant la période coloniale, le système d'enseignement destiné aux natifs du pays a produit des hommes sans personnalité propre, vidés d'eux-mêmes, coupés de leur tradition, et par conséquent, tournés vers les valeurs et l'histoire de l'Occident colonisateur. L'école coloniale a formé des collaborateurs effacés et efficaces, mais soumis, simples exécutants dociles, sans initiative ni esprit critique ».[51]

Totouom fait remarquer qu'un « problème de l'inadéquation entre les formations proposées et les besoins des entreprises se pose en Afrique. En effet, les filières des formations sont davantage orientées vers les formations générales au détriment des enseignements scientifiques, techniques et professionnels. La conséquence est que des jeunes sont formés, mais sont peu opérationnels sur le plan professionnel ».[52]

Dès lors que le monde dans lequel un ministre provincial doit créer et innover est en pleine évolution, la formation d'un prétendant candidat à ce poste doit s'y adapter. Cependant, en RDC, les programmes de l'enseignement concoctés depuis l'époque belge demeurent en vigueur. Ces programmes sont tout simplement inadéquats aux réalités du monde actuel. Remplis de considérations théoriques qui n'ont rien à faire avec la question de résolution des problèmes de la société. Ces programmes contribuent dans une certaine mesure, aux faibles productivités intellectuelles »[53]. Par exemple, le contenu de programme de l'enseignement en sciences Economiques et de Gestion ne peut pas amener le Congolais à accéder à la maturité et à la responsabilité qui lui auraient permis de s'assumer et de mener à bon port les affaires de sa société.

En outre, la qualité de différentes formations laisse à désirer suite à la pratique de la corruption qui s'est enracinée lourdement dans le système éducatif et académique en RDC. Pour attester cela, Yawidi note que « l'école ne sert qu'à délivrer des diplômes.

---

[51] Yawidi, (2020). *Procès de la société congolaise*, éd. Mabiki, Kinshasa-Bruxelles, p. 123

[52] Totouom, A. (2018). Les obstacles au développement industriel de l'Afrique. *L'Actualité économique*, 96(3), 363-387

[53] Yawidi, (2020). *Op.cit*

Tous les moyens sont bons pour en décrocher un (…). Jamais est envisagé une école qui produit des agents du développement de la société dont on est membre ».[54]

Ce qu'il décrit couple avec ce que Nahi a trouvé en évaluant les retombées de la décentralisation sur le plan de la politique éducative initiée et appliquée en Côte d'Ivoire, et aggrave la situation. Cet auteur a découvert que « si la décentralisation des politiques éducatives a été conçue à l'origine pour contribuer à l'efficacité de l'action publique en la rapprochant du citoyen, ses résultats semblent de plus en plus mitigés ».[55] Pour rendre compte de l'inefficacité du processus, la crise économique a été majoritairement mobilisée comme principal facteur explicatif. En d'autres termes, l'étude soutient que les politiques éducatives locales sont inefficaces parce qu'elles sont structurées en fonction des intérêts matériels et positionnels des décideurs.

Selon le FMI, les restrictions budgétaires imposées en Côte d'Ivoire à cette époque visaient non seulement d'amorcer le développement économique, mais également à donner plus de chance au succès de la politique éducative. Cette idée suppose qu'on a imposé des restrictions en faveur du secteur éducatif. Cependant, il est démontré que l'austérité budgétaire appliquée par les Institutions Financières Internationales (IFI) dans beaucoup de pays d'Afrique n'avait pas épargné le secteur éducatif. Bien au contraire, elle évacué l'éducation de son contenu et de sa qualité.

Ceux qui, en Afrique dirigent les administrations publiques, sont invités par la globalisation à prendre des mesures adéquates pour qu'une main d'œuvre qualifiée soit disponible, et trouve à s'employer avec la perspective d'accès à un pouvoir d'achat élevé sur des marchés intérieurs dynamiques et compétitifs à tous égards. Le leadership africain doit pour cela être capable d'instaurer, et de maintenir une grande fluidité économique qui marquerait la capacité des pays africains à s'adapter aux changements des circonstances et d'environnement. Il doit

[54] Yawidi, (2020)., p. 126

[55] Nahi, P. C. (2021). Décentralisation des politiques éducatives en Côte d'Ivoire : Les effets structurants des motivations politiques sur les résultats de l'action publique locale, *European Scientific Journal*, ESJ, 17(1), 167-195

montrer au reste du monde toute son habilité à absorber les adaptations productives dynamiques, et faire preuve d'intelligence et d'ouverture aux nouvelles idées qui se diffusent ».[56]Ce souhait est loin d'être réalisé en RDC.

Car la conjugaison de facteurs susmentionnés contribue sûrement à la mauvaise qualité de leaders (ministres provinciaux formés en RDC). Et même si exceptionnellement un responsable du ministère de l'économie et des finances provinciales est formé ailleurs, il faut que son entourage puisse le comprendre de manière que ses visions soient ingurgitées, et transformées en actes de développement. Car en RDC, si on a une vision communiquée dans toutes ses dimensions aux autres sans qu'ils ne comprennent, on risque de marcher seul. Par ailleurs, celui qui est formé ailleurs a souvent des problèmes lorsqu'il est sur terrain. S'il peut bien comprendre les enjeux globaux relatifs à sa vision, parfois les enjeux locaux peuvent se transformer devant lui en goulots d'étranglement.

En somme, on peut comprendre en fonction de ce qui se passe sur terrain que le leader congolais a un problème de formation inadaptée aux problèmes de son milieu, et cela le rend incapable de relever le défi. En cette matière, Koulibaly dit que « le défi qui attend le leadership est que celui-ci puisse être audacieux, et se résoudre à s'engager dans les réformes décisives qui vont améliorer les institutions et le capital intangible très faible en Afrique. Le système éducatif rapporte peu aux Africains, comparé au reste du monde. Il faut l'améliorer en amplifiant les réformes de l'école, de la formation et tout cela dans le respect des institutions qui souvent sont inadaptées, dépassées ou bien sclérosées et contre-productives ».[57]

Alors, si le ministre national de l'économie possède la facilité de combiner les instruments macroéconomiques au regard d'un problème posé dans la conjoncture, le ministre provincial demeure devant une autre réalité. Si aussi celui du niveau national est aidé dans sa mission par la Banque Centrale, celui du

---

[56] Koulibaly, M. (le 04 Avril 2008). Leadership et développement africain : les défis, les modèles et les principes, *Discours prononcé à la clôture de la cérémonie commémorative du 10e anniversaire du Réseau des Femmes Africaines Ministres et Parlementaires* – Côte d'Ivoire Abidjan, p. 3

[57] Koulibaly, *op.cit.*, p. 7

niveau provincial n'a que son petit cabinet sur lequel il doit s'appuyer pour aboutir aux résultats tangibles. Si celui du niveau national peut trouver des archives riches lors de la remise et reprise, celui du niveau provincial n'a que son bureau en vrai dire lors de la même cérémonie, pour recommencer.

Cependant, ce dernier est invité à booster la production provinciale, car que dit l'économie, dit la production d'abord. Cela signifie que le contexte de gouvernance dans lequel il se trouve est tout autre que celui du ministre national de l'économie. En outre, les matières devant faire l'objet de ses innovations ou créativités sont également autres que celui du ministre national. Proche du peuple, il est donc obligé de se battre faute de quoi, il est possible qu'il se lance dans des efforts de survie individualiste tout en laissant de côté, les opportunités à sa portée.

2.1.3. Système de gouvernance non axée sur les recherches scientifiques.

On doit croire aux réponses que les domaines scientifiques fournissent aux problèmes de la société au cours de l'histoire. Sachant que « les multiples données produisent la conviction selon que le crédit de sacralité autrefois reconnu à la religion a été transféré à la science ».[58] Au-delà du fait que la formation académique d'un ministre provincial demeure inadaptée aux réalités qu'il doit affronter, il hérite aussi un système de gouvernance non axée sur les recherches scientifiques. C'est-à-dire qu'on laisse souvent de côté, les acquis de la science en gouvernant. Toutefois, il est appelé à défendre un bilan devant le peuple et sa hiérarchie.

En effet, généralement en RDC les gouvernants n'ont pas la culture de consulter les scientifiques. Cette situation provient d'une longue histoire de la colonisation pendant laquelle le gouvernant était dominateur, dictateur, intolérant et ne considérant aucun point de vue du colonisé. Les évolués entre les

---

[58]Akoun, A. *et alii* cité par Shomba, (2012). *Méthodologie de la recherche scientifique. Les ficelles de captage et les logiques d'analyse des données*, éd. PUK, Kinshasa, p. 16.

mains desquels la gestion de la chose publique est tombée, ont bêtement copié ces tares.
Tout se passe comme si la nomination à un poste de ministre confère toutes les informations, et les capacités susceptibles d'empêcher les nominés de consulter les chercheurs. Or dans les pays qui aiment le développement, les recherches constituent les sources des politiques publiques. Par exemple, l'Union Européenne a procédé aux sanctions des personnalités politiques congolaises lors du processus électoral de 2018, alors que c'était à partir des résultats d'un chercheur allemand qui a recommandé ces sanctions.
En cas de problème dans un pays développé, ce sont d'abord les chercheurs qui sont consultés en vue d'une solution qui repose sur les évidences scientifiques. Car, dans ces pays dits développés, on respecte le triangle développemental. Cependant en RDC, de nombreux problèmes demeurent sans solutions, et les chercheurs qui s'en intéressent gardent avec eux les résultats de leurs études. C'est-à-dire qu'une cassure totale se trouve entre les chercheurs, et ceux qui gèrent. La coexistence de cette cassure demeure à la base même de la contreperformance de plusieurs gouvernements nationaux et provinciaux en RDC. Et cela entretient par ailleurs une deuxième rupture entre le peuple et les gouvernants.
En théorie, un triangle d'interactions devrait exister entre les trois forces de la société à savoir : le réseau de chercheurs, le bloc de gouvernants et le peuple. Ce qui serait à la base d'une interaction entretenant les actes positifs de transformation communautaire. C'est-à-dire qu'en cas de problème, le peuple formule le besoin d'une solution aux gouvernants. Car la version démocratique de la gouvernance insiste, pour sa part, sur la nécessaire expression des acteurs concernés et leur participation à la définition et à la mise en œuvre des actions publiques, sans que cela exige en soi une réduction des attributions des pouvoirs publics.[59]Ces derniers par humilité doivent en principe adresser ce problème aux chercheurs en vue de recevoir d'eux, des propositions des solutions. Enfin, ces propositions peuvent être transformées en politiques publiques contre le(s) problème(s).

[59] Bertrand Nathalie et al, *op cit.*

En fait, on a compris que la rupture de ce triangle d'interactions entre les trois blocs de la société serait dans une certaine mesure à la base de multiples difficultés que connaissent les ministres tant nationaux que provinciaux en général, et celui de l'économie, des finances et consorts en particulier, afin de bien assurer sa responsabilité. Notons que dans une telle responsabilité, il y a des objectifs poursuivis à long terme, ce qui n'exclut pas les objectifs qu'on doit formuler à court terme étant donné que les problèmes auxquels il faut trouver des solutions en urgence ne manquent pas.

C'est ainsi qu'un ministre tant national que provincial doit avoir des objectifs clairs à poursuivre, et rendre compte à toute la population. C'est dans ce cadre que « le principe de proximité sur lequel la décentralisation repose doit être respecté. Les structures décentralisées sont théoriquement plus proches des citoyens, et peuvent être aptes à mener une politique de développement adéquat en favorisant la prise des décisions plus conformes aux réalités locales que ne le ferait le pouvoir central structurellement et géographiquement très éloigné des populations. Etant donné que la décentralisation permet de tenir compte des particularités de chaque population dans son environnement immédiat ».[60]

En fait, le triangle développemental doit nécessairement fonctionner en vue de transformer la société. La figure 1 ci-dessous la présente.

[60] Mabiala, *op.cit.*

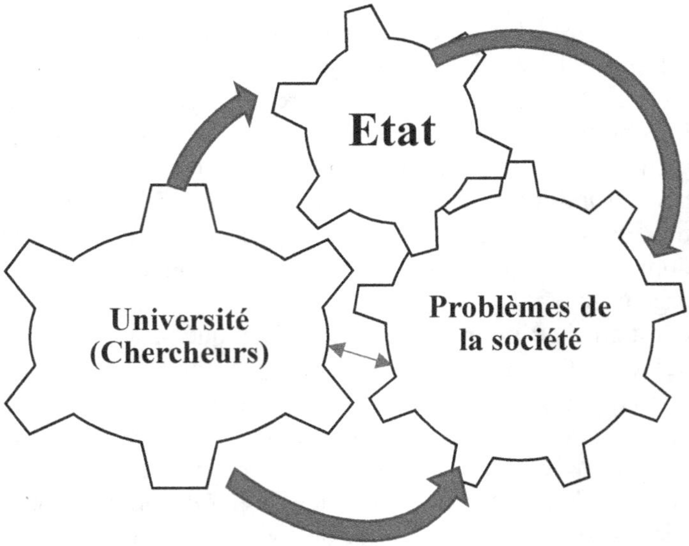

Figure 1. Triangle d'interactions entre l'Université, Société et Etat.
Source : Notre propre conception

En somme, comme la gouvernance de l'économie et des finances provinciales constitue une nouvelle expérience dans le contexte de la décentralisation et de la mondialisation, le fondement du succès demeure dans le fonctionnement du triangle d'interaction développemental. C'est-à-dire que la population doit prendre conscience de l'existence de leurs problèmes, et les adresser à l'Etat. Ce dernier en informe les chercheurs à l'université, et demande à ceux-ci d'examiner la situation et en proposer des solutions. Or la recherche exige souvent la descente sur terrain et dans une approche empiriocriticiste, les chercheurs peuvent arriver à trouver une panoplie de solutions à soumettre à l'Etat.
Les animateurs de l'Etat doivent choisir entre les solutions proposer, et l'administrer sous forme de politique publique en vue de transformer positivement la société dans la dimension problématique initiale. Cependant, dans nos provinces en général, les gouvernants se comportent comme s'ils connaissent tout à tel point qu'ils n'ont aucunement besoin de chercheurs.

Presque tous les gouverneurs ont eu à effectuer plus de 90% de missions de service à Kinshasa qu'à l'intérieur de leurs provinces. Autrement dit, ils ne sont pas préoccupés par les problèmes de leurs populations respectives, que pour bien cerner, il faut descendre sur terrain pour s'en acquérir !
La non prise en charge de chercheurs a aussi poussé ces derniers à abandonner leur travail, et même les rares qui réalisent des publications, ne sont pas consultés par les gouvernants. Il existe donc une rupture totale entre les trois pôles de triangle ci-haut ! Peut-être que cela trouve des racines dans l'absence des objectifs clairement définis par chaque gouvernant.

2.1.4. Absence d'objectifs clairs de cette gouvernance.

Le ministre provincial ayant l'économie et consorts en charge, doit poursuivre des objectifs clairs fixés selon le programme du gouvernement provincial, mais surtout selon la situation économique de sa province. Les objectifs d'un gouvernement provincial doivent être définis en fonction de contexte et des problèmes de l'économie concernée. Ils peuvent être particuliers selon les données de chaque économie et les circonstances. Ils inspirent les politiques économiques à appliquer, et le programme à élaborer. Ils trouvent leur fondement dans les analyses de la situation économique de l'entité considérée.
En fait, dans l'histoire de la pensée économique, depuis l'Antiquité, « l'économie politique était la servante de la philosophie morale. L'idée essentielle se résumait à la restriction des besoins matériels, et à la recherche du souverain bien. Ainsi dans la communauté, la présence d'un régime moralement bon contribuait à la diminution volontaire de la richesse publique ».[61]
Force est de constater qu'à cette période, la puissance publique avait un caractère régulateur des activités de production.
Au moyen âge, elle devient la servante de la théologie. On note que dans cette période, l'avènement de discussion archaïque sur la légitimité du prêt à l'intérêt ou du profit commercial, et de ce qu'on estime être sa contrepartie nécessaire c'est-à-dire le

[61] Schatz Albert, (1907). *L'individualisme économique et social*, France, Institut COPPET, p. 12.

dommage de l'un des échangistes. Cependant, « au XIIIe siècle le développement des sociétés émancipe la pensée économique, et brise ce cadre trop étroit où elle a été jusqu'à là étouffée par des lois morales ou religieuses. C'est ainsi qu'on ne demande plus désormais si une nation ou tout court une entité doit ou non s'enrichir, mais comment elle peut sûrement s'enrichir ».[62]

La formalisation du rôle de la puissance publique dans le secteur économique remonte à Keynes. Profitant de la crise de 1929, il va sauver le capitalisme d'écroulement en prônant le passage à l'interventionnisme de l'État. Bien que des efforts aient été conjugués pour le retour du libéralisme, mais jusqu'aujourd'hui, les débats politiques demeurent centrés sur les politiques économiques, apanage du pouvoir public.

La grande Bretagne en 1979, avec Madame Thatcher a rompu avec la politique Keynésienne, ensuite les USA en 1980 ont prôné le Reaganomics appuyé par l'école monétariste de Milton Friedman. Quelle que soit cette tendance, on reconnait à tout gouvernement du monde le rôle de conducteur de la machine économique.

Nicolas Kaldor va identifier « quatre objectifs fondamentaux de politiques économiques à savoir : la croissance économique, l'emploi, la stabilité de prix et l'équilibre extérieur ».[63] Ce qui forme son carré magique. Toutes ces variables préoccupent les populations, et font aujourd'hui l'objet de discussion en rapport avec le développement. Cependant, leurs améliorations constituent les objectifs de gouvernements nationaux.

Au niveau provincial maintenant, le ministre ayant l'économie en charge a-t-il les mêmes objectifs ? La réponse reste simple, non ! Car il ne peut pas faire face aux mêmes problèmes que le ministre national de l'économie. C'est pourquoi, l'analyse de la situation de sa province en termes de ressources potentielles locales, et moyens que dispose le gouvernement provincial constitue un bon départ pour lui. Autrement dit, sur le plan économique par exemple, il est en face des problèmes structurels qui demandent des analyses pour des solutions structurelles

[62] Schatz, *op.cit.*, p. 12

[63] Daniel Jean-Marc, (2014). *Histoire vivante de la pensée économique*. Des crises et des hommes, 2ème édition Pearson référence, P. 383

c'est-à-dire le long terme. Il faut souligner que l'échec des analyses constitue également un très mauvais début. D'où, il faut recruter des experts hautement qualifiés en vue de bien conduire les analyses.

Dans cet exercice, il faut noter qu'une certaine particularité reste rattachée à chaque province, et que le copiage n'est pas à encourager. Par exemple, le ministre provincial de l'économie et des finances de la ville de Kinshasa ne dispose pas des mêmes ressources que celui de la province du Sud-ubangi. Entre eux, le copiage constitue un péché grave ! Alors, c'est à l'issue des évaluations que le ministre, sur base des propositions venues des experts, peut fixer clairement des objectifs à poursuivre durant son mandat. Ici, on insiste sur la clarté de ces objectifs. C'est-à-dire ils doivent êtres spécifiques, mesurables, acceptables, réalisables et indiqués dans le temps nécessaire (SMART).

Par exemple, on arrive au pouvoir, et on trouve que la terre arable de sa province reste faiblement exploitée, et que la production de maïs stagne faiblement autour de 10 milles tonnes par an. Cependant, la potentialité de la production de cette denrée alimentaire est de 50 milles tonnes par an. En cela, on fixe clairement l'objectif d'augmenter la production de maïs jusqu'à 40 milles tonnes par an, dans 5 ans. En fait, le schéma ci-dessous résume comment partir des problèmes et aboutir à la satisfaction de la population. C'est comment gouverner !

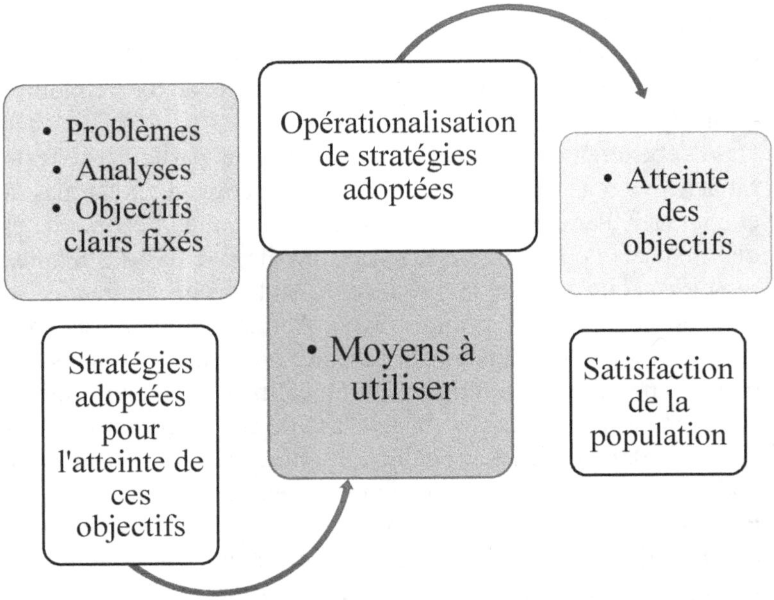

Figure 2. Schéma synthétique d'actions de bonne gouvernance.
Source : Notre propre conception

Comme on vient d'en parler ci-haut, chaque province contient des problèmes sur le plan économique. Ces derniers doivent être analysés scrupuleusement. La suite logique demeure la fixation des objectifs clairs en fonction de problèmes analysés et de besoin de la population. Ce qui va conduire à l'adoption des stratégies à adopter pour atteindre ces objectifs. L'adoption de stratégies conduit automatiquement à l'identification des moyens à utiliser pour atteindre les objectifs clairement définis. Ce qui par la suite va conduire à l'opérationnalisation de ces derniers, et dans une certaine mesure, les objectifs peuvent être atteints. Tout compte fait, la population peut être satisfaite du résultat. Ceci nécessite la maîtrise des statistiques au niveau de chaque province. Cependant, des problèmes existent en cette matière également.

2.1.5. Problème de statistiques économiques.

Verina *et al.*, en empruntant l'adage de Lord Kelvin écrit que « le critère relatif à la valeur économique et commerciale (…) reflète l'adage selon lequel on ne peut gérer ce que l'on ne mesure pas ».[64] Pour fixer des objectifs clairs et surtout mesurables, il faut qu'on dispose des statistiques fiables. Cela permettrait qu'on sache qu'en telle période, il y a eu baisse de telle production en vue de trouver les causes. Dans nos provinces, la disponibilité de statistiques fiables demeure un sérieux problème. En cela, comment savoir que l'économie ne tourne pas ? Dans beaucoup de cas, on ne connaît pas combien de sacs ou tonnes de maïs produits par an dans la province. Or gouverner signifie aussi prendre des décisions. Et comment peut-on prendre des décisions sur ce qui n'est pas mesuré. Gouverner signifie aussi projeter, et comment réaliser des projections sur des productions non quantifiées ?

Cependant, deux dimensions méritent d'être soulignées autour de cet état des choses. D'abord le manque de statistiques empêche toute possibilité de gouverner l'économie, et ensuite elle bloque les possibilités des études scientifiques concernant chaque province de manière à éclairer les décideurs. De toutes les façons, l'indisponibilité de statistiques fiables bloque toute voie de prise de décision, et cela demeure un sérieux problème dans la gouvernance de l'économie et des finances au niveau provincial. Cela arrive à presque toutes les provinces de la RDC en présence du ministère de plan tant au niveau national que provincial. Cela montre que la plupart des programmes d'actions des gouvernements provinciaux sont conçus sur base des faux chiffres. Les faux chiffres conduisent aux faux objectifs, et les faux objectifs conduisent aux fausses stratégies, qui conduisent à la mauvaise utilisation de moyens déjà réputés modiques, et enfin à l'insatisfaction de la population, à la suite de mauvais objectifs non atteints d'ailleurs !

---

[64] Verina I *et al,* (2012). Les Produits forestiers non ligneux : contribution aux économies nationales et stratégies pour une gestion durable. *Disponible sur http : //dare.uva.nl/document*, CIFOR, FAO, IRET, pp. 137-154

Ayant ici souligné la question de moyens pour permettre l'opérationnalisation des stratégies adoptées, il sied de rappeler que le constituant a également transféré des sources de recettes aux provinces conséquemment. La suite de document consiste à analyser la gouvernance de finances provinciales.

2.2. Problèmes relatifs à la gouvernance des finances provinciales.

D'entrée de jeu, presque toutes les provinces disposent des sources suivantes de recettes :

- Recettes à caractère national rétrocédées par le gouvernement central.
- Recettes à caractère provincial mobilisées par les régies financières locales créées (Impôt sur le véhicule, impôt sur le revenu locatif, impôt foncier, *etc.*, et certaines taxes).

Les problèmes relatifs à la gouvernance des finances se situent également à deux niveaux. La gestion de régie financière et la gestion de fonds rétrocédés par le gouvernement central. Ci-dessous, on a passé en revue, les quelques problèmes identifiées en rapport avec la gouvernance financière.

2.2.1. Conception de budget utopique

L'outil de gestion et de politiques de chaque gouvernement provincial demeure le budget de la province. C'est un document contenant deux grandes rubriques à savoir : les recettes et les dépenses provinciales. Un vrai budget bien géré conduit à la transformation des aspirations de la population en une réalité satisfaisante ! Cependant, la plupart pour craindre de dire 100% de budgets provinciaux en RDC sont faux.

Cela pour quelques raisons. Premièrement, les statistiques des recettes communiquées que ça soit par le gouvernement ou encore par les animateurs de régies financières provinciales n'approchent même pas les réalités. Il se dégage un problème de sous-estimation terrible de recettes budgétaires. Il faut en cela noter que la population fiscale n'est même pas maitrisée.

Autrement dit l'assiette fiscale de chaque province n'est pas connue. Ce qui constitue un problème sérieux !
En 2012, le PNUD m'avait recruté pour concevoir, et animer un module sur la maitrise de la population fiscale de la Province de l'Equateur (ancienne configuration). La leçon pratique que nous avions tirée avec les formés, demeure celle d'une sous-estimation cruelle de sources de recettes de la province. Deuxièmement, les dépenses ne sont pas fondées sur les aspirations de la population. Il s'agit souvent des dépenses qui visent de thérapies isolées sans fondement participatif, et parfois mal conçues ! Troisièmement, les concepteurs de ce budget sont souvent des inexpérimentés qui remplissent les rubriques sans fondement réel. Et par conséquent, les budgets provinciaux sont souvent une compilation de faux chiffres autour de faux objectifs camouflant des graves débilités. C'est pourquoi, conscients de cette situation, beaucoup de Gouverneurs ne tiennent même pas compte de la logique d'une gestion budgétaire. D'ailleurs, quand ils ordonnent les dépenses, ils ne regardent même pas les différentes rubriques qui s'y trouvent. D'où beaucoup ont été sanctionnés par les assemblées provinciales à cause de détournements.

2.2.2. Tendance de ministres provinciaux à se pencher plus sur les finances.

Dans les programmes des cours en RDC, nulle part, on a inscrit des enseignements visant à doter les économistes des atouts de la gouvernance locale. Généralement, on a trois départements à savoir : sciences économiques, sciences de gestion et sciences de population. Dans le département des sciences économiques, on vise former des macro-économistes, tandis qu'en sciences de gestion, on forme en principe des micro-économistes et en fin, en sciences de population, on forme des démographes. Dans toutes ces formations, rare d'aspects visent à doter les cadres à devenir, de certaines matières avec lesquelles ils peuvent bien naviguer dans le contexte de la glocalisation.
Par ailleurs, le fait que dans plusieurs provinces, on a couplé l'économie et les finances dans un seul ministère, il se pose un problème. Les ministres provinciaux occupant ce poste, ont tendance à se pencher sur les finances laissant de côté,

l'économie. Pour la simple raison que l'économie demande beaucoup de capacité de conception, de création, d'innovation, *etc.*, dans le seul but de porter haut, la production provinciale. Tandis que dans les finances, on a juste besoin de gérer la liquidité en disposition de l'État ou encore contrôler les services chargés de percevoir les impôts et taxes provinciaux.
Par ailleurs, presque tous les gouvernements provinciaux sont dans des plaintes lorsque la rétrocession ne vient pas. On attend toujours la manne nationale, oubliant de ce fait les potentialités locales. Dans certaines provinces, la situation a été chaotique à l'absence de la rétrocession. Cependant, chaque province devrait d'abord compter sur les moyens locaux. Cela prouve à suffisance que sur le plan financier, les provinces en général n'ont pas réussi à vivre comme des entités territoriales décentralisées, mais plutôt comme des entités territoriales déconcentrées. Le penchant vers les finances a été à la base de plusieurs problèmes qui sont étalés dans les lignes qui suivent.

2.2.3. Persistance de l'esprit centralisateur dans l'articulation entre le national et le local

Parmi les contraintes à la bonne gouvernance au niveau de chaque province en RDC, se trouve la persistance du comportement centralisateur au niveau national. De tous les Ministres nationaux qui ont eu la charge des affaires intérieures, aucun n'a laissé aux gouverneurs une grande marge de manœuvre. Ils ont brillé d'une tendance de centralité prononcée, qui s'est transformée en une contrainte face à la gouvernance en général au niveau provincial. Cela corrobore l'évidence que Toukea *et al.*, ont trouvé, selon laquelle malgré les stratégies qu'elles développent, de nombreuses contraintes complexifient l'efficacité des actions paradiplomatiques menées par les entités territoriales décentralisée au Cameroun. Parmi ces contraintes, on note les limites émanant de l'Etat central. En fait, « l'Etat, loin d'assister à son évanescence, adopte des attitudes défensives et offensives afin de restaurer sa souveraineté dans la gouvernance mondiale. C'est-à-dire que ce dernier ne favoriserait pas toujours l'action internationale de ces acteurs infra étatiques qui contribuent à la perte de son monopole dans les relations internationales ».[65] Tout au long de la période de la décentralisation, les animateurs du ministère des affaires intérieures ont toujours brillé d'un esprit centralisateur.

2.2.3. Manque d'octroi de moyens nécessaires aux régies financières provinciales.

Beaucoup de Gouverneurs accusent les gestionnaires des régies financières provinciales d'inefficacité, c'est-à-dire qu'elles ne produisent pas grand-chose pour financer le développement de leurs provinces. Cependant, ces régies n'ont pas été bien équipés dès leurs créations ni prises en charge correctement par les autorités provinciales. En principe simple, quand on veut un résultat probant, il faut faire accompagner les moyens. Les autorités provinciales exigent que les régies mobilisent beaucoup de moyens financiers, alors qu'ils ne veulent pas dépenser pour financer cette mobilisation. Il a fallu l'intervention de profit-Congo pour que les agents aient des moyens de transport, des ordinateurs *etc*. Tout s'est passé comme si les Gouverneurs n'avaient pas besoin des moyens financiers ou tout simplement, c'était de la négligence.

On ne peut négliger des principes simples et espérer réussir. Un arbre fruitier a besoin d'un support pour croître jusqu'à produire ses fruits. Un bébé a besoin du lait maternel dans un premier temps et même d'appui de ses parents pour grandir et devenir autonome en âge d'adulte. En effet, les équipements du travail constituent dès le départ, une condition nécessaire pour produire des moyens suffisants, voire même donner une bonne image de l'État aux assujettis.

Selon nos entretiens avec beaucoup d'acteurs, le démarrage de régies financières provinciales dans certaines provinces était du calvaire. En fait, des agents ont marché à pied pour distribuer des documents aux assujettis. Cela a paru comme vouloir une chose

---

[65] Toukea *et al.*, (2016). La mobilisation des collectivités territoriales camerounaises dans la gouvernance mondiale du climat : une paradiplomatie de la ville de Douala au service du développement local ? *Magazine Orbites politiques n° 2, Journal International de la Cour Académique d'Alger*, 165 – 185

et son contraire. On a besoin des résultats et on ne dépense pas pour l'obtenir.
Et jusqu'à la preuve du contraire, dans beaucoup de provinces, en dehors les moyens logistiques octroyés par profit-Congo, aucune dotation logistique suffisante n'a été opérée en faveur des régies financières provinciales. Cela constitue un sérieux problème dans la gouvernance financière provinciale, et va à l'encontre de la notion actuelle de la bonne gouvernance qui vise à « rendre l'action publique plus efficace, proche du public pour l'intérêt général, et plus légitime ».[66]

2.2.4. Mauvaise gestion du personnel travaillant dans les régies financières.

Dans presque toutes les régies financières provinciales, la gestion du personnel a été catastrophique. Chaque Gouverneur élu ou nommé selon le cas, a amené son personnel à la régie en révoquant ceux qui travaillaient au paravent. Cependant, les nouveaux qui arrivent ne sont pas formés dès l'embauche, et ne rencontrent pas les anciens en vue d'une formation sur le tas. Parfois, ce sont les recommandés des députés provinciaux, et des personnalités politiques qui n'ont aucun profil valable pour être engagés qui deviennent des agents dans les régies. Cet état des choses contribue lourdement dans les faibles performances financières des provinces.
Nzeka a trouvé que « dans les Provinces de l'Equateur et Orientale de l'époque, le changement du personnel est corrélé avec le changement de gouverneurs. En cela, il a soutenu la thèse selon laquelle la politisation est le système pratiqué et indiqué dans le recrutement du personnel à la Fonction publique des Provinces Orientale et de l'Equateur de l'époque. Au regard de cette réalité, il a proposé un système selon lequel l'engagement du personnel de régie doit se faire sur base de contrat. En fait,

[66] Lascoumes, P., & Le Bourhis, J. P. (1996). Des « passe-droits » aux passes du droit. La mise en œuvre sociojuridique de l'action publique. *Droit et société*, *32*(1), 51-73.

c'est une formalisation de ce qui se passe déjà sur terrain. De ce fait, la praxéologie du droit demeure respectée ! »[67]
Cependant, il a fallu que la fonction publique provinciale puisse se conformer à la loi régissant le personnel public de l'État, malheureusement elle a connu toute autre réalité. Car ce ne sont pas les imprimés de valeur qui comptent mais ce sont d'abord les humains. Ainsi, ils devraient être bien sélectionnés, et formés dès l'embauche puis équipés en vue de les voir produire des résultats fiables, reflétant les potentialités des provinces. La gestion des ressources humaines dans les régies financières provinciales constitue jusqu'à la preuve du contraire, un sérieux problème. Elle a du mal à se conformer à la législation du travail ni aux autres lois de la République.
La procédure d'embauche dans beaucoup de provinces demeure flou, et ne répondent pas aux principes relatifs en la matière. C'est le clientélisme politique qui joue plus lors de l'embauche. La conséquence saute aux yeux. Ces chalands embauchés ont tendance à se pencher sur leurs appuis politiques que de respecter les normes du travail. Parfois, ils vont loin pour intimider leurs autorités hiérarchiques, en évoquant leurs relations politiques. Tout cela vient du fait que le système de quotas devenu une monnaie courante dans la politique d'embauche en RDC en général, bafoue toutes les théories scientifiques en matière de la gestion du personnel. Alors que dans une administration fiscale purement technique, des situations pareilles ne peuvent pas faciliter la tâche. Elles ne peuvent contribuer aux multiples biais dans les procédures de collecte des impôts et des taxes.

2.2.5. Récurrence du biais dans les procédures fiscales.

Comme ci-haut dit, l'ensemble de problèmes relatifs aux ressources humaines des régies financières provinciales se résument au manque ou moindre connaissance du travail. Cependant, l'administration fiscale est parmi les professions les plus compliquées. Fondée sur des textes légaux instituant pour

---

[67] Mayebo, P. N. (2019). *Éclatement de la Fonction Publique Congolaise : État de lieux de la Fonction publique provinciale et perspectives*. Éditions universitaires européennes, p. 45

chaque acte ou impôt, une procédure précise. Notons que l'administration fiscale demeure au même moment un travail de conception, et requiert de ce fait, un personnel hautement qualifié.

Dans beaucoup de cas, les procédures fiscales ont été biaisées pour plusieurs raisons. Or le détour dans une procédure affaiblit l'administration vis-à-vis de l'assujetti, et réduit la possibilité de faire respecter la loi.

Par exemple, un Gouverneur peut s'impliquer dans une procédure concernant un assujetti ayant une relation personnelle avec lui. Dans ce cas, il peut interdire ou suspendre par téléphone une procédure amorcée dans le but de renflouer le trésor public provincial. Dans des cas pareils, l'assujetti se voit au-dessus de la loi à cause de sa relation avec l'autorité provinciale alors que cette dernière a besoin des moyens financiers pour financer le développement de sa province. Il peut aussi s'agir d'un assujetti qui est une personnalité politique influente. Ce dernier peut aussi souvent par intimidation, biaisé une procédure le concernant ou touchant toute autre personne ayant une relation avec lui. Il peut s'agir aussi d'un agent qui biaise une procédure puisque l'assujetti a une relation personnelle avec lui *etc*.

Par ailleurs, la corruption demeure à la base de plupart des biais dans les procédures fiscales. Les agents souvent mal payés ou impayés se laissent corrompre par les assujettis en vue de trouver les moyens de survie. Parfois, ce sont les Gouverneurs qui se permettent de percevoir les taxes aux mains des grands assujettis notamment le cas de la province de l'Équateur où les recettes liées aux exploitations forestières n'entrent pas dans le trésor public. Cette pratique réduit la valeur même de l'administration fiscale. Souvent, les agents qui se laissent corrompre n'imaginent pas qu'ils seront obligés de revenir vers les mêmes assujettis corrupteurs après, du fait que les taxes et impôts sont parfois périodiques de par leurs échéances. La conséquence reste qu'ils se sont affaiblis devant les assujettis corrupteurs qui vont toujours les traiter ainsi en défaveur du trésor public provincial. C'est ce qui explique dans une certaine mesure, les faibles performances financières des régies dans plusieurs provinces de la République.

2.2.6. Non maîtrise de la population fiscale

La population fiscale d'une entité est composée de tous les assujettis potentiels et réels de la régie financière. En cela, pour produire des résultats vigoureux en aval, il faut maîtriser cette population en amont. C'est ce que beaucoup de gestionnaires d'une régie financière tant nationale que provinciale ne font pas. Dans le cas d'espèce, ces régies ont hérité de la Direction Générale des Impôts de la République, des répertoires des assujettis. Notons que cette régie nationale avait du mal à actualiser ces répertoires. Cela n'a pas permis aux nouvelles régies de maîtriser leurs populations fiscales. Cette situation a contribué lourdement aux faibles performances des régies dans les provinces.

Cette non maitrise demeure souvent renforcée par le changement récurent des agents qui parfois ne trouvent pas pourquoi transmettre des archives aux entrants. Cela occasionne souvent des faibles résultats dans les provinces, aussi des assignations fallacieuses que les ministres provinciaux donnent souvent aux régies, qui de leur tour n'arrivent même pas à réaliser. On devrait en principe suivre l'évolution de la population fiscale réelle en calculant chaque année, le taux de croissance de la population fiscale réelle ou encore d'assujetissement réel. Pour cela, on peut utiliser la formule suivante :

$$\mathbf{TCRPF} = \frac{NRA}{NTA} * \mathbf{100}$$

Où :

- TCRPF : Taux de croissance réelle de la population fiscale ;
- NAR : Nombre réel d'assujettis ;
- NTA : Nombre total d'assujettis.

Le nombre réel d'assujettis par impôt ou taxe quelconque, est l'effectif de ceux qui sont identifiés, et qui s'acquittent réellement de leurs obligations fiscales. Tandis que le nombre total d'assujettis, est l'effectif d'assujettis réels et potentiels.

Un assujetti potentiel est une personne physique ou morale soumise au paiement d'un impôt ou une taxe, et identifiée par l'administration fiscale, mais qui ne s'acquitte pas de son obligation. Cette définition renvoie à l'idée selon laquelle

l'administration fiscale demeure dans l'obligation d'identifier des nouveaux assujettis soumis aux impôts ou taxes, mais s'écartent volontairement ou involontairement de leurs obligations vis-à-vis de l'Etat.
Les assujettis non encore identifiés sont des assujettis clandestins volontaires ou involontaires (ACV ou ACI).

2.2.7. Finances provinciales : sources de Conflits.

Dans le circuit financier provincial, c'est le gouverneur qui ordonne les dépenses, et le ministre provincial des fiances les exécute à la lumière des prévisions budgétaires. Souvent, certains gouverneurs ont tendance à négliger le rôle du ministre Provincial des finances, et le confie à un conseiller, et cela reste à la base des conflits.
En outre, dans beaucoup de provinces, les régies sont placées sous l'autorité directe du Gouverneur. Et le ministre provincial des finances n'a qu'un droit de regard. Ainsi, les gestionnaires des régies financières provinciales ont tendance à ne pas faire savoir au ministre ce qui se passe, et cela demeure à la base de conflit. De surcroît, la plupart des ministres provinciaux ne sachant pas que faire sur le plan économique, se penchent seulement aux finances, cherchant de ce fait, à se substituer aux gestionnaires des régies. Cela constitue une autre ligne de conflit.
Cependant, en situation de conflits généralisés, les agents font ce qu'ils veulent et chacun cherche à se positionner. Couplé au mauvais système décrit ci-haut concernant la gestion du personnel, les performances réalisées laissent souvent à désirer.
Les provinces se sont dotées chacune d'une régie financière pour mobiliser les recettes provinciales, cependant, cela est à la base de plusieurs problèmes.

2.2.8. Tendance à la centralisation du pouvoir aux cabinets des Gouverneurs

L'expérience de la gouvernance financière dans la plupart des provinces révèle une tendance à la centralisation du pouvoir financier dans les cabinets des premiers citoyens des provinces.

Ce qui ne permet pas de respecter la chaine idéale de dépenses telle que décrite dans le schéma ci-dessous :

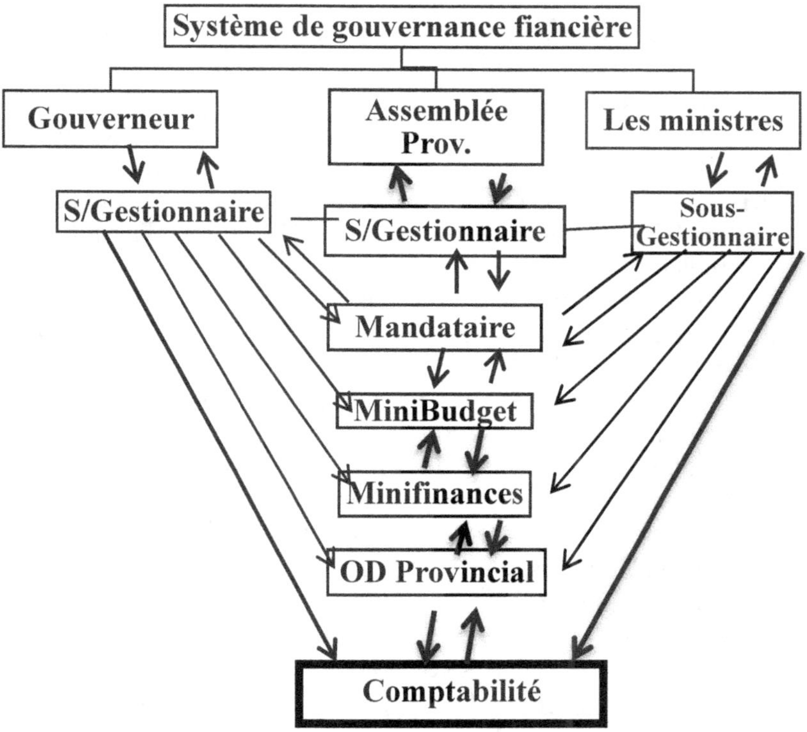

Figure 3. Schéma de chaine idéale de dépenses dans une province.
Source : Division provinciale du Budget du Sd-Ubangi / RDC

Idéalement, les besoins exprimés par le cabinet du Gouverneur, les ministres provinciaux, le Président de l'Assemblée provinciale vont directement vers le Gouverneur de la province à travers le sous-gestionnaire. Le Gouverneur oriente vers le ministre provincial du budget avec des annotations précises. Ce dernier vérifie la conformité avec les prévisions budgétaires. Il peut dans ce cas, recadrer la dépense en vue d'éviter des probables de détournement. De toutes les façons, après la vérification de conformité, les dépenses sont orientées vers le Ministre Provincial des finances sur ordre du Gouverneur. Ce dernier participe à la chaine de dépenses en signant, et en orientant les documents vers l'ordonnateur de dépenses. Ce dernier à son tour ordonne à la comptabilité de liquider les dépenses en question.

La même gymnastique se déroule s'il s'agit des dépenses exprimées par l'Assemblée Provinciale. Autrement dit, les dépenses sont exprimées par le Gouverneur, l'Assemblée Provincial et les Ministres Provinciaux. Néanmoins, elles doivent suivre la chaine normale jusqu'à la liquidation. Cependant, dans la plupart des provinces, tout demeure centralisé dans les cabinets des Gouverneurs. Les Ministres de budget et des finances sont souvent exclus de la chaine de dépenses.

C'est-à-dire qu'au sein de la décentralisation, le germe de centralisation persiste toujours. Cela ne peut qu'être justifié par le manque de transparence dans les dépenses, et la tendance au détournement que les leaders provinciaux en souffrent. Car on ne peut nommer des ministres sans respecter leurs attributions. En outre, si un Gouverneur estime qu'il n'a pas confiance envers un ministre soit des Finances ou de budget, il y a lieu de remanier le gouvernement, et y placer les hommes de confiance. Il ne faut pas que les Gouverneurs se camouflent dans des échappatoires pour justifier le retrait de confiance envers des ministres en fonction. Car le développement n'est possible que s'il y a confiance entre les acteurs.

2.2.9. Incivisme fiscal (les gouvernants et cadres ne respectent pas les lois relatives à l'impôt et taxes), et manque de paiement des impôts et taxes par la population

Parmi les problèmes qui criblent nos provinces dans le contexte de la décentralisation à l'ère de la mondialisation se trouve l'incivisme fiscal à tous les niveaux. Les assujettis aux impôts et taxes provinciaux ne veulent pas s'acquitter loyalement de leurs devoirs. Cependant, en réalité ce sont eux qui ont mandaté les gouvernants, à qui, ils devraient se mobiliser pour leur octroyer les moyens pouvant financer le développement. Cet état des

choses s'explique dans une certaine mesure par une très mauvaise culture fiscale entretenue par une faible sensibilisation, et une faible autorité de l'État.
Les assujettis que sont les unités statistiques (personnes physique ou morale) composant la société se livrent souvent, et très rapidement aux critiques des autorités établies, pendant qu'ils ne donnent pas des moyens suffisants à ces dernières en vue de financer le développement. Ils attendent de ces autorités étatiques, des réalisations concrètes. Cependant, ils ne veulent pas les accompagner réellement ! C'est de l'incivisme fiscal à la base de faibles moyens de financement du développement local.
Dans le cadre de redevabilité à la communauté, les gouvernants ont le devoir d'influencer, et de motiver le paiement des taxes et impôts par des actions à impacts visibles, pour rassurer les actions fiscales. Par exemple, en réhabilitant des routes, des écoles, des dispensaires, des marchés *etc*. L'absence de ces actions crée une dévaluation de confiance et renforce l'incivisme fiscal. La récidivité augmente, une guerre s'engage entre les agents (administrations fiscales) contre les assujettis.
Ce désagrément empêche carrément le développement de la province. Et entretient de fait, la pauvreté car il s'agit d'une situation de relation brisée !
Cela ne s'arrête pas seulement au niveau des assujettis. Il y aussi, les services habilités à mobiliser les impôts et taxes qui entrent en ligne de compte. Les cadres et agents des régies financières provinciales ne mènent pas une carrière. Ce qui du reste demeure dangereux ! Car lorsqu'un agent de l'État sait qu'il ne mène pas une carrière, et qu'à tout moment sans cause réelle, il peut être viré de son service, il y a lieu qu'il se livre aux actes déloyaux pourvu qu'il gagne ce qu'il vise dans un temps record. Presque dans toutes les provinces, le changement des agents des régies financières provinciales coïncide avec le changement de régimes provinciaux.
Deux catégories de problèmes se posent. Primo, l'engagement de nouveaux agents souvent sur base de recommandations des élus (députés provinciaux) sans respect des normes standards internationales reconnues à la politique d'embauche. Ce qui occasionne d'énormes difficultés. Car les nouveaux engagés ne maîtrisent presque souvent rien, mais viennent parfois avec une

arrogance exagérée, sachant qu'ils sont engagés sur base de recommandations politiques. Ça prend souvent du temps pour que ces agents commencent à savoir comment faire, alors que le gouvernement provincial doit être évalué dans les 100 jours qui suivent l'investiture. Conséquence, au rendez-vous d'évaluation, aucune réalisation significative n'est effectuée. Ce qui rend difficile la tâche aux Gouverneurs, qui dans beaucoup de cas, ont du mal à terminer leurs mandats. Secundo, les performances financières provinciales deviennent souvent miséreuses, et se transforment en un défi vis-à-vis aux services provinciaux. Ce qui ne permet pas du tout aux provinces à amorcer le développement.

L'incivisme se dévoile aussi du côté de gouvernants. Souvent, les gouvernants ne veulent pas payer les impôts et taxes, brandissant souvent leurs statuts. Alors qu'ils devraient être les premiers à respecter les dispositions juridiques et administratives relatives aux impôts et taxes provinciaux. Tout se passe comme s'il n'y a que ceux qui n'ont aucun mandat public qui doivent s'acquitter de leurs devoirs vis-à-vis de l'État. Cependant, d'un point de vue juridique, les lois de la République sont opposables à tous ! Cet incivisme nivèle à coup sûr, les niveaux de réalisations dans les provinces à ce moment de la décentralisation.

D'autres de par leurs positions, se transforment en percepteurs d'impôts et taxes. L'incivisme fiscal n'est pas seulement un problème des assujettis, mais également des gouvernants ! On a vu un Gouverneur se transformer en un percepteur de taxe directement auprès des assujettis, en violation flagrante des dispositions juridiques relatives aux procédures fiscales, ce qui est grave ! Et parfois en minorant l'impôt ou la taxe en question. Ça c'est une infraction combinée ! D'abord il aide l'assujettis à soustraire une partie de ce qu'il devrait payer (fraude fiscale), et ensuite il viole les dispositions juridiques y relatives.

Cependant, les moyens mobilisés dans une province sont mis à la disposition du Gouverneur, mais comment expliquer le fait qu'il se précipite pour percevoir une taxe ou un impôt auprès d'un assujetti ? Il est difficile de répondre à une telle question, mais on suppose que la situation d'économie de sauve qui peut, n'épargne pas les gouvernants. C'est-à-dire le naufrage économique a donné un signal à tout le monde, y compris ceux qui prétendent diriger. Ainsi, la recherche du pouvoir n'est rien d'autre que celle d'un moyen de survie. Et non, une recherche d'un pouvoir en vue d'appliquer une vision de développement au sens catallactique du terme.

2.2.10. Conflit entre les gestionnaires de régies et les ministres provinciaux des finances.

Un autre problème qui secoue les provinces de la RDC, c'est le conflit entre les ministres provinciaux ayant les Finances en charge et les gestionnaires de régies financières provinciales. Souvent par peut être un manque de maîtrise des attributions ou par volonté d'étouffer, les ministres provinciaux des finances, se mêlent parfois des affaires des régies financières étouffant ainsi les gestionnaires de ces dernières. Cela demeure à la base de conflit entre les deux catégories. Cela confirme en pleine mondialisation, « que la transposition du service territorial sans qu'intervienne un changement profond de structures des méthodes, et surtout de la mentalité de cadres appelés à animer ces institutions ne peut favoriser la réalisation des objectifs du développement. Au contraire, elle ne peut que constituer un blocage évident ».[68]Cependant, les lois de la République disposent clairement les attributions de chacun. Cet état des choses montre que la qualité des ressources humaines responsabilisées jusque-là pose sérieusement problème.

2.2.11. Récurrence de détournent de deniers publics provinciaux.

Depuis l'avènement de la décentralisation post-conflits, plusieurs motions de défiance ont été votées contre les gouverneurs de provinces pour motif de détournement. Cependant, on est à l'ère où la bonne gouvernance demeure le maître-mot, et elle est supposée être émondée de toute forme de détournement, de corruption *etc.* Cette situation ne fait que persister, et dans plusieurs provinces, elle est décriée.

---

[68] Oyong Muyer, *op.cit.*

Dans certaines provinces, on fait même mention d'un détournement bifacial c'est-à-dire, celui opéré par un Gouverneur avec la bénédiction du Président de l'Assemblée provinciale ou de ses quelques membres. Cela prouve à suffisance que la psychologie d'économie de prédation dont il était question pendant la colonisation persiste encore. Nos actuels gouvernants l'ont copiée croyant avoir hérité une bonne méthode de gestion. Ils ont en plus de ça, « le comportement dominateur alors que l'on doit substituer aux attitudes souvent autoritaires du passé, une politique de participation à l'écoute de la base, et qui fasse intervenir les populations au niveau du village ».[69]

Le détournement demeure un problème sérieux dans le système de la gouvernance en RDC, et constitue par conséquent, un défi culturel de haut niveau. En cela, il a fallu que les politiques socioculturelles se centrent sur cette question de manière que les élites provinciales soient réellement engagées comme des vrais patriotes, poursuivant le développement de leurs provinces. Ils devraient comprendre qu'ils peuvent par la volonté, transformer leurs provinces positivement.

Si l'on vérifie, on trouvera aucun ex-Gouverneur de l'un des États américains, qui a construit en RDC. Cependant, le contraire est vrai ! C'est-à-dire que plusieurs ex-Gouverneurs ont acheté des résidences dans les pays occidentaux. Et ils font habiter leurs familles là-bas. Cette séquelle de la colonisation constitue un défi culturel dans les chefs des élites congolaises en général.

2.2.12. Conflit d'attributions entre les membres des gouvernements provinciaux.

Dans plusieurs provinces, un conflit d'attributions a secoué, et continue à gangrener le système de gouvernance. Cela s'alimente surtout autour des finances provinciales. Plusieurs ministres provinciaux des finances que nous avons contactés, ont témoigné que leurs attributions ont été confiées soit aux conseillers de Gouverneurs, soit aux vice-Gouverneurs. Ils ont été tout simplement exclus de la chaine de dépenses. Cependant, les attributions sont consacrées par les dispositions légales. Cet état

[69] Peemans J *et al. Op. cit*, p. 71

des choses demeure décrié tout bas, couplé de la faiblesse de la cour de comptes en RDC, il est difficile d'atténuer ou de mettre fin à cette mauvaise habitude.

2.3. Problèmes relatifs à l'entreprenariat au niveau provincial.

Parmi les sept enjeux de développement économique qui sont cruciaux pour le bien-être de la jeunesse en Afrique, est compté entre autres : entreprenariat. (Nations Unies, 2006). Gouverner l'économie provinciale signifie aussi identifier des problèmes du sous-secteur entreprenariat, et les résoudre. Le rôle du gouvernement demeure l'encadrement de l'entreprenariat. Car ce dernier crée l'émergence de la classe moyenne, et maintient le niveau de l'emploi ou celui de la capacité de la création d'emplois. C'est pour cette raison que les petites et moyennes entreprises (PME) reviennent au ministère de l'économie et des finances au niveau provincial.

2.3.1. Rareté d'esprit d'entreprenariat

Dans les pays développés, les jeunes sortent de l'Université avec l'ambition de créer une entreprise. Cependant, en RDC ils sortent avec l'ambition de devenir des agents ou fonctionnaires de l'Etat. Conformément aux résultats de mes entretiens avec plus 250 jeunes cadres sortis de différentes universités de la RDC, plus de 85% espèrent trouver d'emplois. 5% envisagent créer des entreprises, et 10% pensent que quitter le pays pour l'étranger serait une solution.

Cette triste réalité provient du fait que les capitalistes colonisateurs n'ont pas voulu communiquer à travers les programmes d'enseignement, l'esprit d'entreprise aux colonisés. Bien que la RDC soit déjà indépendante, cette séquelle de la colonisation continue à cribler la population. C'est pourquoi les entreprises sont sporadiques, et l'illusion est considérée comme créer une entreprise est une affaire monstrueuse ! Pour attester cela, « la majorité de jeunes continuent à se tourner vers l'État pour trouver un emploi au lieu de créer leurs propres entreprises, le manque de formation à l'entreprenariat dans les programmes scolaires, des informations incomplètes sur les marchés, l'absence d'appui commercial et d'infrastructures physiques, les conditions de la règlementation et, par-dessus, l'accès limité au financement ».[70]

Dans une conférence à l'Université de Mbandaka, l'intervenant du jour : le Maître Christian Bosembe a fait voir qu'on ne peut pas espérer à un développement si l'on pense que créer une entreprise doit partir d'un grand fonds ou capital. Tout ce qui commence grand finit par tomber. Il a exhorté les participants à commencer avec les faibles moyens, et les faire évoluer lentement.

Cette rareté ou sporadicité d'entreprenariat demeure un sérieux problème de développement en RDC. Et il revient à l'Etat de trouver une solution correctrice de cette mauvaise tendance.

2.3.2. Mauvaise gestion des entreprises individuelles et familiales.

L'entreprenariat est un facteur de développement parce qu'il occasionne le progrès technique et donne naissance au bénéfice, l'élixir magique de la croissance économique. Schumpeter note que « ce sont les entrepreneurs qui découvrent les nouvelles méthodes de production, et accroissent les investissements et par ricochet, la croissance économique. La théorie des trois phases de développent montre que ce dernier commence par l'organisation institutionnelle et passe l'agriculture, ensuite l'industrie et enfin le secteur tertiaire.

En RDC, la population composée des jeunes en majorité vit en 70% en milieu rural ».[71] L'implication de ces derniers dans les activités économiques rurales peuvent influencer la croissance

---

[70] Cinquième forum pour le développement de l'Afrique. Jeunesse et leadership au XXIème siècle ; 2006. Les jeunes et développement économique en Afrique. Document thématique, centre de conférence des nations unies, Addis-Abeba, p. 8

[71] Lwapa Embele Isenge, F. (2020). Etude de la mise en place des services pérennes de vaccination animale en milieu rural en République Démocratique du Congo : Cas de l'Etude de la mise en place des services pérennes de vaccination animale en milieu rural en République Démocratique du Congo : Cas de la maladie de Newcastle dans trois provinces du Sud-Ouest, p. 2

économique, accroitre les revenus des ménages, réduire la pauvreté, en bref, contribuer au développement.

Dans la théorie économique tant néoclassique que keynésienne, la création de l'emploi peut passer par les politiques macroéconomiques qui incitent les entrepreneurs potentiels à investir. Ou encore, les entrepreneurs existants d'accroitre la taille de leurs entreprises pour répondre aux nouvelles opportunités générées par la conjoncture. C'est pourquoi la survie d'une entreprise dans le temps c'est-à-dire sa durée ; est d'une importance capitale non seulement pour l'entrepreneur, mais aussi pour la communauté nationale.

Cette durée est fixée dès la création de l'entreprise et actée dans les statuts, conformément aux règles générales et aux stipulations particulières. Ce sont ces dispositions qui déterminent la vie de l'entreprise. Et dans la théorie comptable, cette dernière jouit d'une autonomie de manière à garantir sa survie par rapport aux aléas de gestion relevant de comportement de son propriétaire. Cette autonomie confère à l'entreprise la possibilité de vivre pendant et après la vie de son se(s) propriétaire(s), et ainsi stabiliser le niveau d'activités.

A cet effet, l'acte uniforme de la loi du 10/04/1998, portant organisation de procédures collectives d'apurement du passif prévoit un ensemble des règles destinées à l'organisation, la prévention et le règlement des difficultés financières de toute personne physique et morale commerçante et de toute personne morale non commerçante du droit privé y compris les entreprises publiques.

Tout cela vise à garantir le souhait selon lequel les entreprises créées doivent continuer à survivre et à prospérer pour préserver les emplois créés au sein de la communauté économique nationale. D'où, on ne souhaite pas que des évènements non liés au fonctionnement d'une entreprise notamment la mort de son entrepreneur entraine la faillite ou la fermeture de l'entreprise.

Pour rappel, une entreprise est définie comme « un contrat par lequel une ou des personne(s) conviennent à mettre quelques choses en commun en vue de partager le bénéfice qui pourra en résulter ».[72] Ainsi, encore qu'aucune entreprise ne puisse s'échapper de cette réalité ; que ça soit l'entreprise individuelle ou commerciale.

On a remarqué la faillite rapide de plusieurs entreprises individuelles en RDC en général après les décès des propriétaires. C'est-à-dire, si l'entrepreneur meurt, nous assistons à la cessation immédiate des activités même si elles pouvaient continuer. On peut citer le cas emblématique de SCIBE-Congo (SCIBE-Zaïre). Cette situation entraine la baisse du niveau d'activités économiques et par voie de conséquence, l'augmentation de chômage.

Dans une étude dont l'objectif était d'identifier les causes de la coïncidence entre les faillites des entreprises individuelles, et les décès des propriétaires, les résultats trouvés ont souligné « deux grandes raisons : les membres des familles des entrepreneurs (propriétaires) réalisent le partage de capitaux des entreprises individuelles lorsque ces derniers meurent, et la mauvaise gestion des affaires après les décès des entrepreneurs ».[73] Labazee a trouvé que « cela peut être expliqué par le fait que peu d'entrepreneurs consignent leurs volontés par testament, ou désignent de leur vivant l'héritier qu'ils comptent voir prendre leur suite ».[74]Cependant, Mmenge *et al* estiment que « les petites et moyennes entreprises familiales disposent des avis partagés sur la gouvernance, et leurs dirigeants éprouvent des difficultés de mettre en place une bonne gouvernance ».[75]

À notre avis, ces raisons ont des racines purement culturelles. En fait, dans beaucoup de cas en RDC, souvent la famille décide de partager les biens du défunt juste après sa mort en violation flagrante de règles qui régissent une entreprise individuelle. En

---

[72] Driguez, L. (2019). *De l'intérêt de créer un nouveau concept : la lucrativité limitée*. CIRIEC International, Université de Liège, P. 7.

[73] Nayonda, (2019). Travail de fin de cycle, Département Sciences commerciales et administratives, Iinstitut Supérieur Pédagogique de Yakoma, p. 25, *inédit*

[74] Labazee, (1996). Les entrepreneurs africains, successions et transmissions des patrimoines. *Journal des anthropologues*, 97-114

[75] Mmenge *et al* (2020). Analyse de la gouvernance des petites et moyennes entreprises familiales de la ville de Bukavu en République Démocratique du Congo.

outre, cela relève aussi du fait que les entrepreneurs n'ont pas le sens de préparation d'un ou des remplaçant(s) dès leurs vivants, néanmoins en majorité.

On note que cette situation met en débâcle la capacité locale de maintien d'emplois dans le cadre d'entreprises individuelles qui peuvent évoluer vers les petites et moyennes entreprises. Et que d'un point de vue macroéconomique, c'est une aberration. Car certaines entreprises de renommée mondiale comme Toyota, Ford *etc.*, ont commencé comme des entreprises individuelles et purement familiales, mais aujourd'hui, elles deviennent des grandes entreprises.

Un gouvernement provincial travers son ministère de l'économie et consorts a l'obligation de trouver un mécanisme de protection des entreprises déjà créées. Cela nécessite l'encadrement des propriétaires par des services publics spécialisés. Le ministère de l'économie et consorts doit produire ces services d'encadrement de manière à garantir la pérennisation des emplois créés sur son territoire.

2.3.3. Entraves à la mutation des entreprises individuelles vers des entreprises sociétaires.

a. Manque de confiance mutuelle entre les entrepreneurs.

Les entrepreneurs individuels ont du mal à évoluer, et former des entreprises sociétaires avec leurs pairs. Cependant, dans la théorie économique, les individus peuvent s'associer, et créer une entreprise. Le modèle *one man show* caractérise l'entreprenariat en RDC. Cet état des choses est justifié par le manque de confiance mutuel des entrepreneurs. Et cela constitue un sérieux problème de développement des entreprises sporadiques qui existent.

Deux ou trois entrepreneurs en difficulté relative à la conjoncture ne peuvent développer l'idée de s'associer, et fusionner leurs patrimoines en vue de résister aux aléas qu'ils traversent jusqu'à tomber tous en faillite. Et dans leur ignorance, manque de confiance mutuel, difficultés et risque de faillite, l'Etat ne leur viendra même pas en aide juste en termes d'orientations. Cependant, leurs faillites viennent créer des problèmes réels à l'Etat notamment la perte d'impôts et taxes, l'augmentation de chômage, aggravation du niveau de la pauvreté, *etc.*

b. Incapacité d'adopter une gestion comptable.

Beaucoup d'entreprises individuelles ou familiales ont du mal à adopter ou implémenter une comptabilité moderne. Cela bloque l'idée de toute fusion des entreprises dont les entrepreneurs souhaitent s'unir en vue de devenir une seule entité, et résister aux aléas de la conjoncture. Cette situation est entretenue par la méconnaissance de l'importance de la comptabilité de sociétés dans sa pratique non seulement pour les départager, mais aussi pour les aider à évaluer l'évolution de leurs activités. Cependant, certains individus possèdent des moyens avec lesquels ils pouvaient s'assoir, et créer des grandes entreprises.
Cette incapacité est expliquée dans une certaine mesure, par le niveau d'instruction relativement faible des entrepreneurs congolais. Notons que la plupart des entrepreneurs congolais qui ont réussi un peu à évoluer, ont un niveau d'instruction relativement faible. La responsabilité du ministère de l'économie consiste aussi à encourager les intellectuels à créer leurs entreprises, mais également de former les entrepreneurs.

2.3.4. Manque d'honnêteté des employés.

L'une des causes de la sporadicité d'entreprises en RDC en général demeure le manque d'honnêteté de ceux qui travaillent avec les investisseurs. Traditionnellement, les détenteurs de capitaux ne peuvent qu'investir dans des activités qui nécessitent l'implication des acteurs employés. Ces derniers doivent capter la vision de celui qui les emploie, et l'aider à faire évoluer les affaires. Le principe est simple, plus les affaires croissent, plus le traitement s'améliore.
La réussite d'un détenteur de fonds investi dépend largement de comportements des employés. Pour attester cela, il est confirmé que « présentement, l'entreprise et l'industrie africaines sont dans l'incapacité d'affronter la concurrence globale à cause de

nombreuses pesanteurs à la fois structurelles et comportementales ».[76]

> *En effet, « le progrès matériel implique qu'à la croyance en la magie et à la superstition soient substitués l'esprit d'analyse et la croyance en les relations de cause à effet, d'ordre scientifique et technique. Si traditionnellement, une nation abhorre le travail manuel ou, plus généralement , le travail ; si ses habitants s'intéressent davantage à la vie éternelle qu'à notre vallée de larmes ; s'ils méprisent la prospérité matérielle ; s'ils ne font pas preuve de l'honnêteté la plus élémentaire dans leurs opérations (...); si dans leur mode d'existence, ils attachent une importance beaucoup plus grande à la consommation immédiate qu'à la constitution de réserves pour l'avenir ; si les fonctionnaires de ce pays sont corrompus et inefficaces ; on ne peut espérer à un développement. Car toutes ces caractéristiques culturelles ne sont évidemment pas très favorables au développement économique ».*[77]

En RDC, entreprendre en engageant des employés signifie tout court s'exposer à la faillite, et à la perte même du capital. Dans une expérience de création d'entreprise que nous avons réalisée dans la ville de Gemena par deux fois, il s'est révélé que l'une des causes de chômage demeure la malhonnêteté.

En effet, en 2017, j'ai décidé de créer une entreprise de petit commerce général en vue de faire engager deux congolais que je connaissais, et qui étaient en chômage. Je souligne que chaque fois, ils me dérangeaient pour le travail. Finalement, j'ai créé cette entreprise qui devrait fonctionner qu'avec eux comme employés. Je leur ai expliqué ma vision, et ce que je voulais faire avec eux s'ils se mettaient correctement au travail. Franchement, l'entreprise n'a duré que huit mois pour tomber en faillite à cause principalement du vol. Chacun de ces employés à chercher à s'approprier les bénéfices, et au finish, l'entreprise est tombée en

---

[76] Anonyme, (1998). *Les enjeux de la mondialisation pour l'Afrique*, éd. Loyola, Kinshasa, p. 82

[77] Samuelson P, (1970). *L'Economique*, tome II, éd. Arman Colin, Etats-Unis, p. 449

faillite puis on a fermé. Ils sont revenus dans le chômage jusqu'aujourd'hui.
La mentalité de l'homme congolais actuel consiste à la recherche d'enrichissement en toute urgence et illicitement. Cette triste réalité n'aide pas l'avancement de l'entreprenariat en RDC, et cela explique dans une certaine mesure le niveau exagéré du chômage. La malédiction liée à ce comportement s'explique par la parole de Dieu dans le livre de 1 Thessaloniciens 4 :6 qui stipule que « personne n'use envers son frère de fraude et de cupidité dans les affaires, parce que le Seigneur tire vengeance de toutes ces choses, comme nous vous l'avons dit et attesté ».[78]
Le Congolais n'a ni la morale ni le respect de la parole en matière des affaires. C'est un grand problème de développement qui nécessite une grande sensibilisation ou une nouvelle évangélisation.
Car la RDC contient un impressionnant nombre d'églises. Cependant les comportements des congolais sont caractérisés par des pesanteurs anti-bibliques, et défavorables au développement. Ce contraste nécessite des réflexions profondes en vue de trouver des solutions susceptibles de quitter les religions sans divinité vers une ou des religions ayant chacune une sacralité réelle.

2.3.5. Absence de la microfinance à travers le pays

L'environnement macroéconomique des entreprises en RDC est caractérisé par l'absence de pratiques de microfinance. Cependant, il existe une corrélation entre le développement de petites et moyennes entreprises, et les pratiques de la microfinance. Dans cette condition, les potentialités entrepreneuriales demeurent sans se concrétiser. Car les potentiels investisseurs posent toujours la question de moyen initial ou de départ. Lorsqu'on échange avec beaucoup de congolais sur l'entreprenariat, ils soulignent qu'ils ont la volonté de se lancer dans la création de leurs entreprises. Mais ils n'ont pas des moyens pour commencer, et ils ne savent pas où trouver les moyens. Pour attester cela, on a affirmé que « les petites et

[78] Louis Second, *La sainte Bible, traduite d'après les textes originaux hébreu et grec*. Ed. Alliance biblique française, p. 1201

moyennes entreprises sont confrontées à un environnement politique et économique défavorable ainsi qu'à un cadre réglementaire inadapté et mal appliqué. Cette situation les a mises dans un état d'essoufflement et a conduit à une forte baisse de leur activité. La plupart des PME et PMI ont été créées dans le but d'exploiter les opportunités que présente un environnement protectionniste. Au stade actuel de la mondialisation, de libéralisation de l'économie et d'intégration régionale, ces PME et PMI souffrent d'un manque de compétitivité face aux produits extérieurs à cause des difficultés d'approvisionnement et l'étroitesse du marché national/local ».[79]
Non seulement la rareté de banques commerciales, mais également l'accès difficile aux crédits d'investissement qui aggrave la situation. Kahuisa a trouvé que « le chemin vers l'entreprenariat des jeunes diplômés congolais est semé d'obstacles (...). La nature de ces freins diffère selon les individus, l'environnement et les projets entrepreneuriaux. Mais, certains freins, tels que : la manque de capital financier, l'accès difficile au financement, au crédit et le manque d'expérience professionnelle, sont spécifiques à cette catégorie d'entrepreneurs, à savoir les jeunes diplômés ».[80]
L'économie congolaise demeure atypique ! Cet état des choses caractérisé par la quasi-absence d'un système financier qui ne permet pas la mobilisation de l'épargne locale ni le financement des activités économiques ou encore la création des petites et moyennes entreprises. Autrement dit, « la structure bancaire est étriquée, et ne permet ni de drainer l'épargne locale, ni de faciliter la distribution des crédits aux entreprises et aux particuliers du monde rurale, ni même d'éduquer les populations

---

[79] Kuditshini, J. T. (2008). Gouvernance globale et administrations publiques locales congolaises : Le rôle du FMI, de la Banque Mondiale, des multinationales et des élites politiques. *Revue Internationale des Sciences Administratives*, *74*(2), 213-234.

[80] Kahuisa Makina Jean, (2021). Série d'obstacles à la création d'une entreprise par les jeunes dans un pays en voie de développement ; cas de jeunes diplômés congolais. *International Journal of Innovation and Applied Studies,* 32(4), 457-470

à l'épargne ou à la culture d'épargne ».[81] Cependant, Yanelle argue que « l'importance historique de l'impact des institutions financières sur la croissance économique est encore très loin d'être établi ».[82]

Tout compte fait, il y a lieu d'affirmer que l'absence visible de la microfinance dans les provinces de la RDC demeure parmi les causes de sous-développement de l'entreprenariat. Ceci constitue un sérieux problème que le gouvernement national ou ceux des provinces doivent résoudre en priorité. Sans cela, on ne peut pas espérer au développement dans nos provinces.

Les Etats provinciaux ne devraient pas seulement être régulateurs, et d'intervention. Ils doivent devenir aussi des Etats-entrepreneurs. A travers un partenariat public-privé, ils pouvaient booster des initiatives de création des entreprises. Nos Etats provinciaux demeurent encore très archaïques et loin d'entrer dans une phase d'innovation en tant qu'Etat-entrepreneurs. On peut corréler cette situation à la mauvaise qualité des animateurs de ces Etats, soit à leur niveau relativement faible d'instruction, mais également au manque de volonté politique couplé d'une culture de pillage de moyens de l'Etat. Car dès lors qu'on monte au pouvoir pour piller, on ne peut pas vouloir produire car on vient ravager ce qui est produit, et non produire à partir de ce qui existe !

Les Etats provinciaux se trouvent encore dans une phase où les affaires publiques se résument à la production de biens publics et la sécurisation. Cependant, dans la mondialisation actuelle, les Etats migrent vers des Etat-entrepreneurs.

La vulgarisation de la prétendue culture universelle occidentale a créé une communauté de consommateurs de mêmes biens et services dont les producteurs se trouvent dans une oligarchie constituée de quelques pays du monde. Particulièrement en RDC, les individus ont un penchant vers les biens importés que les biens locaux. Ne comprenant pas les conséquences, les consommateurs congolais préfèrent plus les biens importés

[81] Wola-Mbale, (1996). Le rôle du système bancaire dans le développement de l'économie sociale de marché. *Quelle économie pour le Zaïre. Actes de IXème Séminaire scientifique, Kinshasa, FCK, pp. 441-458*

[82] Yanelle M O, (sd). *Crédit et Banque, Microéconomics of banking.* Diffusion universitaire, (DUC), p. 23

croyant que ces derniers sont toujours meilleurs que ceux produits localement. Ils préfèrent consommer des poissons importés que les meilleures qualités de leurs poissons naturels se trouvant dans leurs fleuves, rivières, lacs, *etc.* Cet exemple montre que le congolais n'a même pas confiance en lui-même ni à son sol et ses produits naturels.

Ce comportement possède une conséquence très grave sur les entreprises locales qui risquent de se voir en difficultés d'écouler leurs produits. L'homme congolais n'a de confiance qu'à ce que l'homme blanc amène ou tout court à ce que l'étranger produit que ce qui est fournis sur son sol et surtout par son compatriote ! Il accueille les *piodis*[83] avec acclamations que les poissons de meilleures qualités de Mbandaka. La conséquence la plus grave est que les devises sont dépensées pour importer des biens, mettant en difficultés sérieuses l'état de nos réserves de change. Ce qui conduit *ipso facto* à la dépréciation de la monnaie nationale. Cette dévalorisation détériore l'équilibre macroéconomique qui se solde en inflation permanente, et défavorable à la survie des entreprises locales au final.

Par conséquent, le ministère de l'économie et consorts devrait montrer aux congolais l'importance de consommer les biens produits localement. On devrait travailler sur la volonté de renverser cette tendance culturelle comme avait fait Mao en Chine lorsqu'il a décidé de changer l'histoire de son pays. Le scandale est que nos dirigeants, artistes, stars *etc.*, qui sont scrupuleusement suivis par toute la population, veulent vivre comme des occidentaux. C'est-à-dire ils veulent boire, manger, fumer, s'habiller *etc.*, en utilisant des biens produits soit en occident ou tout court à l'étranger. De ce fait, les congolais en général croient qu'il faut consommer les biens étrangers comme leurs leaders pour bien vivre.

Dans ce chapitre, on a essayé d'identifier quelques problèmes relatifs à la gouvernance de l'économie, des finances et de l'entreprenariat dans les provinces de la République Démocratique. Plusieurs problèmes criblent encore cette gouvernance dans les provinces de la RDC. Vouloir imprimer

---

83 Nom donné aux poissons importés de Namibie par la République Démocratique du Congo.

une gouvernance de développement revient à corriger ces problèmes en appliquant contre ces derniers, des thérapies authentiques. L'authenticité de solutions ne peut provenir que d'une analyse profonde de chacun dans son contexte par des experts compétents. C'est pourquoi la dimension scientifique de la gouvernance demeure incontournable aujourd'hui.
Dans les lignes qui suivent, quelques stratégies de la gouvernance de différents sous-secteurs sont déballées en vue d'ouvrir les esprits autour de certains problèmes déjà posés. Il s'agit des majestueuses lignes à adopter dans la recherche de l'amélioration des conditions de vie par une gouvernance de développement.

Chapitre 3.

Stratégies de la gouvernance de l'économie et des finances provinciales.

Composé de deux sous-points, ce chapitre va déballer quelques stratégies de la gouvernance de l'économie et des finances provinciales. On note que ces dernières ne seront pas exhaustives, mais demeurent suffisantes pour doter quiconque aura lu d'une certaine capacité managériale dans ces deux dimensions de responsabilité.

3.1. Procédés de la gouvernance de l'économie provinciale.

La bonne gouvernance conserve indéniablement un noyau dur irréductible. En ce sens qu'elle peut être reconnaissable à travers les indicateurs relatifs à la transparence, performance, partenariat, démocratisation, *etc*. Bref, « elle se reconnait grâce à certaines de ses caractéristiques intrinsèques génératrices d'une dynamique sociale multidimensionnelle indéniable : accès à l'information, lutte contre la corruption, ouverture et responsabilisation, gestion efficace des ressources, culture professionnelle, reconnaissance des générations futures, protection de l'environnement et développement durable ».[84] En empruntant le principe de la gestion axée sur les résultats, on peut aussi dire que la gouvernance axée sur les résultats est cette forme de gouvernance qui débouche sur ces indicateurs sans lesquels on ne peut pas parler de la bonne gouvernance.

---

[84] Ferchichi, W. (2014). L'environnement dans la nouvelle constitution tunisienne du 27 janvier 2014. *Revue juridique de l'environnement, 39*(2), 215-218.

La tendance demeure celle de chercher à améliorer ou à trouver ces indicateurs dès qu'on arrive au pouvoir. Cependant, Lord Kelvin disait qu'on ne peut pas gérer ce que l'on ne mesure pas. D'où il faut commencer par comptabiliser ou inventorier les ressources économiques dans une province pour prétendre de les gérer. Ces dernières sont à nuancer avec les ressources financières. A notre avis, une ressource économique est toute autre ressource pouvant servir à une production que l'argent qui demeure une ressource financière au sens catallactique du terme. Notons que la première étape de toute bonne gouvernance économique consiste à inventorier les ressources.

3.1.1. Inventaire et identification des ressources économiques.

a. Identification des ressources humaines.

Il faut d'abord commencer à identifier les ressources humaines par domaine au sein de la province, et par secteurs d'activités. Cela s'explique par le fait que le développement économique demeure largement déterminé par la qualité des ressources humaines. La théorie de capital humain y met suffisamment l'accent dans le processus de développement. Le ministre de l'économie devrait dénombrer les ressources humaines, et savoir non seulement les qualités que dispose la province. De surcroît, voir comment leurs créer des emplois en vue de contribuer à la production.

b. Inventaire des ressources agricoles.

Certaines théories soutiennent que l'agriculture est un secteur clé devant participer à la croissance économique de façon déterminante. Cette acception tient compte de l'importance que la plupart des sociétés dites développées aujourd'hui ont attachée à l'agriculture dans les processus respectifs de leurs développements. Cependant, dans certains pays en voie de développement, l'agriculture demeure négligée. La décentralisation ne signifie pas qu'il faut attendre du gouvernement central, les ressources financières pour se

partager. Elle signifie en réalité, combien la province contribue à la croissance dans le secteur agricole entre autres.
Pour cela, il faut maîtriser ce qu'on appelle les ressources. Ce ne sont pas seulement les terres arables, mais également les outils, les machines, la population agricole au vrai sens du terme.[85] Il faut aussi estimer la capacité de la production agricole provinciale potentielle de celle qui est réellement effectuée. Cela oriente à prendre des décisions capitales en ce qui concerne le secteur, et également concernant la lutte contre l'insécurité alimentaire.
Dans le même ordre d'idées, il faut également identifier les principales cultures. Ce qui peut facilement démontrer qu'on est dans la monoculture, duo-culture, trio-culture *etc.* Cette opération peut aisément conduire aux décisions de diversification de la production agricole dans le secteur en question. Cela demeure aussi le rôle d'un ministre provincial de l'économie. Plusieurs programmes agricoles en RDC n'ont abouti qu'aux échecs. Cependant, les potentialités agricoles sont énormes. Il va de soi comprendre qu'il se pose un problème de gouvernance du dit secteur. Et si autrefois, les programmes agricoles nationaux soufraient de ce problème, dans le contexte de la décentralisation, il faut que les gouvernements provinciaux s'activent à concocter des programmes locaux chacun, adapté aux réalités de chaque province.
Cela pourrait faire bénéficier à chacune des provinces, l'appui direct de partenaires, mais également l'aider à lutter contre la malnutrition et la pauvreté de manière efficace.
Cet inventaire peut mettre le ministère de l'agriculture au niveau provincial dans les conditions de fournir une base de données toujours actualisée en vue de permettre celui de l'économie d'intégrer dans le plan d'investissement provincial. Cela pourrait permettre également, ce dernier à envisager comment mettre les agences de banques commerciales spécialisées dans le financement du secteur agricole devant leurs responsabilités.

---

[85] Ici il faut nuancer les ménages agricoles qui pratiquent l'agriculture principalement pour l'autoconsommation, des exploitants agricoles qui la pratiquent comme affaires.

Pour rappel, le crédit agricole dans beaucoup de provinces de la RDC demeure un mythe ou encore un miracle. Non seulement parce que les banques spécialisées en la matière n'existent presque pas, mais aussi, puisqu'on a souvent à faire avec des ménages agricoles informels, n'ayant aucun statut juridique pouvant permettre l'interaction entre eux, et les agences de ces banques. Pourtant, l'un des rôles du ministre provincial de l'économie demeure celui d'aider ces ménages agricoles à migrer vers le statut d'exploitants agricoles, et les catégoriser. Ensuite, les orienter à bénéficier des crédits agricoles en vue d'augmenter l'investissement dans l'agriculture, moteur de la croissance économique. Cela contribue aussi à l'amélioration du climat des affaires au niveau local.
Notons que parmi les difficultés que les exploitants agricoles congolais rencontrent quand il faut obtenir des crédits, c'est leur statut informel souvent assimilé à celui d'un ménage agricole. C'est pourquoi, améliorer le climat local des affaires signifie aussi, aider ces exploitants à opérer dans le formalisme de standard international. Cependant, sans inventaire des ressources agricoles et des aspects y relatifs, on ne peut pas envisager l'accumulation croissante de la production agricole dans une province ni lutter contre la malnutrition et la pauvreté.

c. Inventaire des ressources forestières

La RDC est parmi les grands pays forestiers du monde. Chaque province peut probablement disposer des ressources économiques dites forestières. Prendre des décisions vitales y relatives pour l'économie provinciale ne peut déroger du préalable d'inventaire. Cependant, l'inventaire des ressources forestières demeurent sporadiques. Et la croissance économique du secteur forestier est entravée par plusieurs facteurs. Or les ressources forestières constituent à notre avis, l'un des piliers sur lesquels devraient reposer l'économie de chaque province. Alors que la pauvreté des populations rurales peut même être estimée à 97 pourcents. Ce qui laisse entrevoir les possibilités de lutter contre ce fléau qui ne fait que s'aggraver.

Actuellement avec la controverse entre les courants autour de la gouvernance économique des ressources forestières, il a fallu travailler avec des statistiques fiables. On sait que d'un côté, les tenants du conservationnisme veulent à ce que la couverture forestière soit gardée comme telle tandis que les utilitaristes voient comment maximiser les productions forestières, créer des richesses. Prendre des décisions respectant les trois piliers du développement durable repose surement sur l'inventaire des ressources forestières.

On n'attend de gouvernements provinciaux de la RDC, des actes positifs dans ce secteur. Pourquoi, continuer à exporter le bois, et à importer des chaises fabriquées sur base de ces exportations ? Les ressources forestières offrent d'énormes potentialités industrielles à la RDC notamment l'industrie pharmaceutique qui demeure le plus rentable du monde, l'industrie du papier, *etc*., décider de se lancer dans l'industrialisation basée sur les ressources forestières signifie, disposer des statistiques fiables et toujours à jour. Et ce travail n'est pas destiné seulement aux exploitants forestiers dits industriels, mais également des gouvernements provinciaux.

Dans la plupart des pays du Bassin du Congo, « l'exploitation forestière reste le principal pourvoyeur d'emplois salariés privés, particulièrement dans les zones rurales reculées ».[86] De nombreuses études indiquent que « les ménages les plus pauvres dépendent davantage de produits forestiers dans leurs stratégies de réaction et d'adaptation. Par exemple, durant les inondations à Pacaya-Samiria, au Pérou, les jeunes et les ménages pauvres n'ayant pas accès aux terres en altitude ou à des stocks de poissons à proximité se sont mis à collecter des PFNL. En période difficile, les ménages à faible revenu se tournent vers les forêts ».[87]

---

86 Eba'a Atyi R *et al*., (2013). *Étude de l'importance économique et sociale du secteur forestier et faunique dans les États d'Afrique Centrale. Cas du Cameroun*, in Etude de l'importance économique et sociale du secteur forestier et faunique dans les Etats d'Afrique Centrale, CIFOR, p. 1

87 RÉPUBLIQUE DÉMOCRATIQUE DU CONGO-MECNT, (2012). *Rapport national synthèse sur le développement durable en République Démocratique du Congo*, p. 41

L'un des rôles du ministre provincial de l'économie demeure celui de transformer ces emplois informels en jobs formels en vue de permettre leurs contributions non seulement dans l'économie provinciale, mais également dans l'économie nationale. Car ces emplois constituent des potentialités énormes pour l'économie. Cependant, plusieurs gouvernements provinciaux ont du mal à trouver les mécanismes de formalisation des emplois informels relatifs au secteur forestier. Tout cela provient dans une certaine mesure de manque de statistiques fiables sur les ressources forestières. Et c'est une situation qui entretient le caractère souterrain de l'économie liée au secteur forestier.

d. Inventaire des ressources minières

On exploite d'une manière ou d'une autre les ressources minières à travers presque toutes les provinces de la RDC. Fâcheusement, la détermination de la vraie capacité de la production minière par province reste encore un rêve. La production artisanale incontrôlée demeure une source de revenu non seulement pour l'Etat, mais également pour les particuliers. Les provinces devraient disposer des services spécialisés en cette matière de manière à accroitre sa contribution dans le revenu national. En principe, chaque province devrait disposer des statistiques fiables et à jour, sur ses matières minières en vue de trouver les possibilités de prise de décisions vitales pour l'économie provinciale.
Inventorier les ressources minières que peut produire une province est une nécessité sans laquelle optimiser la production minière devient une utopie. La décentralisation vise aussi à prendre en compte les ressources inexploitées depuis lors, et inciter les exploitants à s'y pencher. Autrement dit, voir comment les valoriser.

e. Inventaire des ressources halieutiques

Dans presque toutes les provinces de la RDC, on peut produire du poisson en cascade au regard de potentialités existantes. Cependant, dans nos provinces même les plus reculées de la

capitale, on consomme des poissons importés. On devrait chercher à savoir combien d'étangs de poissons on peut fabriquer à partir des potentialités existantes, quelles sont les autres ressources halieutiques naturelles qui nécessitent seulement d'exploiter ? Au lieu de regarder sa population dépenser dans les importations du poisson. Il a fallu aider cette population à produire pour son autosuffisance alimentaire, et garder les devises pour d'autres besoins.
Les ressources halieutiques constituent l'une des sources des revenus de la plupart de nos provinces. Cependant, ces dernières n'arrivent pas à investir dans cette branche de la production. On ne pouvait pas voir des poissons importés dans sur nos marchés. Alors que c'est exactement le contraire. Cela laisse à comprendre que la tendance à rêver demeure dans les chefs de ceux qui sont responsabilisés pour piloter les développements locaux.

f. Inventaire des ressources industrielles

Dans beaucoup de provinces, certaines unités de production industrielle sont tout simplement fermées. D'autres fonctionnent au ralenti. Le travail du ministre provincial de l'économie consiste aussi à inventorier ces ressources, et voir comment les relancer en utilisant des outils d'interventionnisme public.

3.1.2. Évaluer la capacité productive existante dans chaque secteur

Gouverner l'économie, c'est disposer aussi d'une capacité productive dans chaque secteur de l'économie provinciale. En cela, on peut se poser des questions du genre : combien les secteurs de transports, forestier, agricole, minier, industriel *etc.*, peuvent rapporter à l'économie provinciale ? En vue de répondre à ces questions, le ministre de l'économie doit exiger des travaux rigoureux susceptibles de fournir des statistiques fiables. De ce fait, il peut exposer la nécessité de création des commissions mixtes relatives aux secteurs concernés de manière que la crédibilité des résultats soit renforcée. Les réponses crédibles à ces questions renvoient à la comparaison de ce que chaque secteur rapporte déjà. Cela peut orienter des décisions cadrant

avec le programme de développement du gouvernement provincial sur des pratiques des productions concrètes.
Depuis l'avènement de la décentralisation post-conflits en RDC, la plupart des programmes des gouvernements provinciaux sont utopiques, car basés sur des données non crédibles. Ce qui rend difficile leurs concrétisations par les auteurs. Cependant, l'économie demeure loin d'être une science de fiction. Elle est donc une science du concret. En effet, elle doit être gouvernée en fonction des données fiables. Pratiquement, on doit savoir combien de tonnes du riz la province produit déjà, et combien elle devrait normalement produire lorsqu'on tient compte des potentialités existantes ? Et ainsi pour chaque secteur ou sous-secteur ! Ce sont des gymnastiques pareilles qui peuvent rendre aisée la fixation des objectifs du gouvernement à court, moyen et long terme. En outre, cela permettrait à ce que le gouvernement provincial ne navigue pas sans boussole sur le plan économique.

3.1.3. Nouveaux objectifs (priorités) : comment les fixer

Le ministre provincial de l'économie est appelé à fixer des nouveaux objectifs à chaque fois que la conjoncture locale les exige. Il doit hiérarchiser ces objectifs de manière à harmoniser le processus de la production dans chaque secteur. Ce qui pourrait également faire éviter au gouvernement provincial les éléphants blancs.
Pour rappel, beaucoup de projets inachevés à travers la République que ça soit du gouvernement national ou de gouvernements provinciaux sont entre autres, provoqués par le fait que les préalables n'ont pas été mesurés. Cependant, en matière de développement, on ne lance pas des projets pour se faire accepter par la population ou encore pour des besoins électoralistes. On lance des projets en homme d'État, c'est-à-dire les décisions de réalisation des projets se prennent pour l'amélioration des conditions de vie, et non pour influencer un prochain électorat.
Tout se dévoile que les objectifs de la décentralisation sont purement économiques. De ce fait, les membres des gouvernements provinciaux doivent agir en hommes d'État, et non en politiciens. Un homme d'État se pose la question de savoir

que faire pour qu'après 25 ans, les conditions de vie s'améliorent ? Tandis qu'un politicien se pose la question de savoir, que faire pour qu'aux prochaines élections, son mandat soit maintenu par la population. Les conditions de vie de la population préoccupent l'homme l'État, tandis que les intérêts personnels tourmentent le politicien. Cependant, les acteurs politiques provinciaux mandatés sont loin de devenir des hommes d'État jusque-là ! En fait, ce sont les stratégies de développement qui nuancent en plus un homme d'État d'un politicien.

C'est pourquoi sur le plan économique, un Ministre provincial de l'économie dispose du pouvoir d'agencer les objectifs de développement de manière à rendre aisée, la fixation des stratégies y relatives. Ces dernières demeurent toujours adaptées aux moyens que possède la province. Ils doivent être mesurables et indiqués dans le temps nécessaire. Par exemple, un ministre trouve le niveau de la production du riz à 50,000.000 tonnes par an, alors que les potentialités exploitables y relatives sont encore nombreuses. Au regard de moyens que disposent la province, et de besoin ressenti par la population, il peut fixer l'objectif d'atteindre 100,000.000 tonnes par an, dès l'année prochaine.

3.1.4. Comment arrêter les stratégies

Dès que les objectifs sont fixés, il faut ensuite arrêter des stratégies en vue de permettre la poursuite de ces derniers. Un ministre provincial de l'économie dispose de ce pouvoir parfois en collaboration avec ses collègues d'autres ministères notamment de l'agriculture, de mines, *etc.* Par définition, une stratégie est un art d'organiser, et de coordonner un ensemble d'opérations pour parvenir à un but.[88] C'est-à-dire qu'un Ministre provincial de l'économie doit avoir un sens avéré d'organisation et de coordination.

C'est ce qui justifie l'importance de critères de choix des membres d'un gouvernement en général. Il faut tenir compte de leurs profils et de leurs capacités scientifiques également. Car

---

[88] Microsoft® Encarta® 2009. © 1993-2008 Microsoft Corporation. Tous droits réservés

non seulement qu'ils ont des travaux exigeant du talent, mais aussi de ceux nécessitant une capacité de conception. Cependant, les responsabilisations des plusieurs membres des gouvernements tant nationaux que provinciaux en RDC demeurent largement basées sur les dimensions politiques que technocratiques ! Cet état des choses s'explique par le fait que dans la plupart des partis politiques, les idéologies fondées sur des visions de changement de la société n'existent pas. Alors, dès qu'un parti politique arrive au pouvoir, ce sont les militants sans vision qui sont finalement responsabilisés, et cela n'est pas de nature à rendre aisée l'exécution de programmes gouvernementaux au niveau provincial.

Décider d'une politique de développement est une bonne chose, mais fixer une stratégie fiable devant conduire au développement demeure une tâche complexe. Un Ministre provincial de l'économie est toujours intéressé par la question de savoir comment arrêter une stratégie pouvant conduire à l'atteinte de tel ou tel objectif. Cependant, souvent le programme du gouvernement provincial est déjà concocté, défendu devant l'Assemblée et validé même ! Que faire réellement pour que tel ou tel objectif soit atteint ?

Cette question est très souvent posée dans les cabinets des ministres, mais les réponses y apportées demeurent souvent inappropriées, et cela rend difficile l'atteinte des objectifs fixés par ces derniers. Une meilleure stratégie nécessite une clarification d'agencement d'activités qui seront exécutées dans la poursuite d'un objectif. Ici, on doit se poser des questions du genre, pourquoi telle activité devrait précéder telle autre !

Pour fixer une meilleure stratégie, il faut souvent poser la question de moyen. C'est-à-dire, avec quels moyens peut-on réaliser telle activité ? Il s'agit des moyens humains, financiers, logistiques *etc.* On a l'assurance d'atteindre tel objectif en utilisant telle stratégie lorsqu'on est sûr que les moyens sont réunis, et le climat d'activités demeure sécuritaire. Dans cette condition, on peut lancer une activité visant un objectif précis. Et ainsi de suite pour tous les objectifs fixés sur le plan économique par un Ministre provincial. Dans tout cela, une meilleure stratégie demeure celle la plus efficiente.

3.1.5. Comment faire impliquer les acteurs

L'espace territorial provincial doit apparaître comme la résultante d'acteurs sociaux qui agissent sur les forces et les faiblesses du développement et sur la capacité d'une population donnée à orienter le changement en fonction d'une kyrielle de facteurs tant physiques, organisationnelles, que socio-économiques (dotation factorielle en ressources, résilience, organisation de l'espace, disponibilité en termes de services, *empowerment,* capital social, culture d'entreprise, esprit de leadership, sentiment identitaire, possibilités de financement, *etc.*). Ainsi, dans une perspective de développement territorial, « l'initiative ne vient pas tant d'une instance planificatrice que d'une mobilisation des forces internes au territoire ».[89] Cela montre combien de fois l'implication des acteurs divers devant générer le développement est une nécessité dans son processus.
Cependant, la tâche la plus sérieuse qui suit les autres, reste celle de faire impliquer les acteurs concernés par chaque stratégie. On rappelle que parmi les moyens de mise en œuvre de chaque stratégie se trouvent les moyens humains. Cependant, dans toutes les dimensions de la gestion d'une stratégie, celle de la gouvernance des ressources humaines demeure épinée. C'est ainsi qu'un Ministre provincial de l'économie et consorts devrait savoir avec qui telle ou telle stratégie qui implique telles activités sera mise en œuvre. Qui fera quoi, comment et pourquoi ? À cette question, la qualité des ressources humaines avec lesquelles il doit travailler devient plus nécessaire. Ci-haut, on a souligné qu'il faut qu'un Ministre puisse inventorier les ressources économiques que dispose sa province. En cela, on suppose que ce travail lui a permis déjà de connaître les effectifs d'Ingénieurs, d'économistes, de politologues, de juristes, de sociologues *etc.*, de sa province.

On souligne ici qu'il faut toujours travailler avec l'expertise locale lorsqu'elle est là. Cela a quelques avantages. Primo : en utilisant l'expertise locale, elle bénéficie d'apprentissage dans la

[89] Rallet cité par Laplante *et al.,* (2013). Les enjeux et les défis du développement territorial durable dans une région à problème : le cas du comté de Restigouche au Nouveau-Brunswick. Revue de l'Université de Moncton, 44(1), 111-143

pratique, et ces expériences apprises serviront dans d'autres occasions. Secundo, il y a la faciliter de transmission des expériences apprises aux autres générations. Tertio : en cas d'activités de réalisation des ouvrages qui nécessitent des entretiens, ces ressources humaines locales qui ont participé à leurs réalisations auront la facilité d'entretenir, et de maintenir ces ouvrages. En plus, d'un point de vue socio-territorial, « le développement est compris comme un processus pouvant être induit par un ou plusieurs acteurs (société civile, Etat, entreprises, communautés locales, *etc*.). (...) il mobilise les divers acteurs sociaux tout en reconnaissant et en renforçant leurs capacités d'apprentissage ».[90]

Cependant, plusieurs gouvernements provinciaux ont tendance à importer les ressources humaines en leur propre défaveur et de celle des ressources humaines locales. Suivant cet aspect, rien ne prouve que ceux qui viennent de l'étranger méritent plus que les locaux. Parfois, le maçon étranger est accueilli avec enthousiasme que l'Ingénieur du pays, pour rien !

Dans la pratique, l'utilisation des ressources humaines doit se faire logiquement. C'est-à-dire : les former en vue de renforcer leurs capacités, les tester, les affecter et leurs doter des moyens requis pour chaque activité. Par exemple, la relance d'une exploitation agricole semi-industrielle, nécessite des Ingénieurs agronomes de qualité. Après l'étude de faisabilité, il faut savoir avec combien d'Ingénieurs doit-on travailler ? Renforcer leurs capacités et leurs donner des moyens du travail après le test de niveau. Les gouvernements provinciaux devraient éviter d'importer des ressources humaines, car cela coûte très cher au pays en termes de sortie des devises. Ce qui dans certaine mesure contribue à la détérioration des réserves de change, à la base de la faiblesse de la monnaie locale. On ne peut importer une ressource humaine étrangère que si dans le domaine concerné, les compétences locales n'existent pas.

Parler des acteurs concernés par la mise en œuvre d'une stratégie de développement reste une question vaste. Il y a des acteurs directement impliqués, et ceux indirectement impliqués. Toutes

---

[90] Laplante *et al.,* (2013). *Op.cit.*

les deux catégories ont la même importance. On peut illustrer cela à l'aide d'un exemple.
Lorsqu'on veut organiser la diversification de l'agriculture, c'est une bonne chose ! Mais il faut tenir compte des acteurs à faire impliquer. Tout d'abord, la population concernée par cette diversification, les Ingénieurs et Techniciens agronomes qui vont exécuter la stratégie de diversification, les consommateurs des nouveaux produits agricoles qui seront mis sur le marché. La stratégie de mise œuvre de cette diversification implique plusieurs acteurs. Un Ministre de l'économie et des finances doit savoir comment faire impliquer ces acteurs, catégorie par catégorie. Il doit maitriser chacune des périodes du temps pendant laquelle chaque groupe d'acteurs peut être impliqué. Et enfin, après toutes les opérations de mise en œuvre de cette stratégie, il faut savoir évaluer toutes les actions.

3.6. Évaluer les réalisations en vue de prendre des nouvelles décisions.

L'évaluation constitue l'étape la plus importante pouvant permettre à un Ministre provincial d'identifier les succès et les défauts enregistrés lors de la mise en œuvre de la stratégie, et apporter des améliorations. La plus grande question reste de savoir comment évaluer ? Dans cette affaire, il est question de l'efficacité et de l'efficience. Il faut comparer les objectifs mesurables fixés au départ avec ceux atteints par la mise en œuvre de telle ou telle autre stratégie. Si les objectifs ne sont pas atteints, il s'agit d'un échec. S'ils sont atteints avec des moyens dépassant ceux qui étaient prévus, ce que la stratégie a été efficace, mais s'ils sont atteints avec des moyens réduits, ce que la stratégie est efficiente et meilleure.
Ce travail est une étape très importante à la suite des actions publiques. Car il faut noter qu'on est dans le siècle de la gouvernance axée sur les résultats. Comme pour dire qu'on ne gouverne pas actuellement pour les beaux yeux, mais pour le concret. Et la redevabilité constitue l'un des indicateurs de la bonne gouvernance. Or dans la redevabilité, la population doit savoir concrètement les résultats atteints dans le cadre des actions engagées. Car « l'information, l'éducation, la communication et

les échanges sont des actions importantes pour soutenir la décentralisation et la gouvernance locale. Ces actions permettent la mise à niveau de tous les acteurs par rapport aux textes en vigueur, puis contribuent à la diminution de la méfiance mutuelle ».[91]

3.2. Procédés de la gouvernance des finances provinciales

Quelques procédés de la gouvernance des finances provinciales méritent ici d'être étalés. Certains concernent intrinsèquement comment encadrer la régie financière provinciale et d'autres sont des considérations générales touchant à l'orientation financière et budgétaire. Ces procédés ne sont pas exhaustifs mais suffisants pour guider et doter un ministre provincial de certaines capacités managériales sur les matières qui le concernent.

3.2.1. Stratégie d'optimisation

Le raisonnement économique suggère que l'optimisation est un processus qui, tenant compte de contraintes auxquelles est soumis un agent, amène ce dernier au meilleur résultat. On peut dès lors comprendre que « la décentralisation budgétaire en RDC requiert dans sa mise en œuvre la maîtrise de ses défis internes à l'occurrence l'inconstance dans la mise en place de l'ordre politico-administratif établi, la trappe à tribu et la resquille ».[92] Selon l'auteur, la trappe à tribu fait allusion au comportement caractérisé par un recours à l'utilisation de la tribu pour gérer les

---

[91] Dieuwke (2010). *Promouvoir la Bonne Gouvernance des Entités Territoriales Décentralisées et des Provinces en République Démocratique du Congo Atelier d'écriture des expériences phares dans les provinces du Sud Kivu et Orientale,* Cordaid Wageningen UR Centre for Development Innovation, p. 22

[92] Muhinduka, D. K. D. (2016). Budget Additif et Performance de la Décentralisation Budgétaire en République Démocratique du Congo. *The Democratic Republic of the Congo. La République Démocratique du Congo : Problems, Progress and Prospects. Problèmes, Progrès et Perspectives*, *55*, p. 87.

affaires publiques. Le resquille consiste au comportement prédateur dans la gestion de la chose publique.
La stratégie d'optimisation consiste à tout faire pour atteindre des résultats maximums avec des moyens réduits. En effet, pour réduire les dépenses publiques dans l'exécution de lignes budgétaires, le Ministre doit veiller à ce que les exécutants ne soumettent des documents surfacturés. Par conséquent, il faut respecter les procédures de passation de marchés publics. Utiliser les membres de son cabinet supposés moralement bons, à comparer les factures et sélectionner le moins-disant sans compromettre la qualité de service public à rendre ou soit de l'ouvrage à réaliser.

3.2.2. Réalisme budgétaire

Pour mieux gouverner les finances provinciales, un Ministre de l'économie, des finances et consort doit veiller à un réalisme budgétaire. De manière simple, on note qu'un budget est une prévision des recettes et des dépenses. Toute entité organisée ne peut pas fonctionner sans budget. Son rôle est de matérialiser les grandes lignes de programme du gouvernement en place. De ce fait, il doit être réaliste. Ce réalisme ne peut s'obtenir que si les sources de recettes sont fondées sur des vrais chiffres. Et ceci ne peut être facilité que par des statistiques réelles, toujours actualisées. Cependant, dans nos provinces, il se pose un sérieux problème de statistiques, on l'a souligné ci-haut.
Les provinces de la RDC ont les recettes à caractère national, les recettes locales, les dons et consort. Dans la pratique, il faut inscrire dans le budget, des prévisions des recettes réellement encaissables, et en suite, des prévisions des dépenses visant la matérialisation des ambitions du gouvernement. La stratégie du réalisme budgétaire consiste d'abord à être pragmatique dans la conception du budget de la province, et à conjuguer tous les efforts de mobiliser les recettes prévues. Ensuite, affecter l'argent du trésor aux dépenses réellement prévues. Car « *un bon ministre des finances est un chien de garde placé à côté du trésor*

public « [93], cette maxime imagée illustre avec réalisme « l'importance du rôle du ministre de l'économie et des finances dont la mission essentielle est le contrôle permanent des finances publiques ».[94]
Dans ce cadre, un ministre de l'économie, des finances et consort doit pratiquer la stratégie de communication des statistiques fiables à son collègue de budget pour permettre que ce dernier puisse se doter d'un document réaliste. Et même dans la pratique, il peut déléguer certains de ses experts dans la commission de conception du budget si cela ne lui est pas refusé.

3.2.3. Procédés d'une bonne gestion du personnel de la régie financière provinciale.

La première stratégie de la bonne gestion du personnel de la régie consiste à bien payer le personnel. Car c'est un principe duquel on ne peut s'écarter si on veut atteindre les objectifs de maximisation de recettes. Cette règle voudrait que celui qui mobilise les recettes soit bien payé ! Surtout que dans la plupart des cas, la plus grande motivation pour les individus de chercher l'emploi demeure le salaire décent. Alors, pour bien payer le personnel, la stratégie consiste à fixer le salaire minimum (SM) que le dernier agent va gagner. Ensuite, calculer la moyenne de réalisations mensuelles (MRM). De cette dernière, on dégage ce qui doit être rétrocédé à la régie pour le fonctionnement et la paie du personnel. Après avoir dégagé la quote-part de fonctionnement (FF), on divise l'enveloppe du personnel (EP) restante par le salaire minimum du dernier agent. Ce qui va dégager l'effectif avec lequel la régie peut fonctionner.
Par exemple, si la recette mensuelle moyenne d'une régie est de 30, 000,000 CDF, et que le pourcentage à rétrocéder à la régie est de 20. L'application de ce dernier va dégager un montant de 6,000,000 CDF. C'est-à-dire :
MRM-ERR=EGR.

---

[93] Duverger cité par Sahgui, et al, (2018). *Le pouvoir de régulation budgétaire du ministre de l'économie et des finances*. Université de Parakou, p. 2
[94] Sahgui, *et al*, *idem*

EGR-FF=EP. Si ces éléments sont réunis, et que le salaire minimum (SM) que le dernier agent peut gagner est déjà fixé par les autorités de la régie ; alors l'effectif du personnel à engager (EPE) dans la régie financière provinciale est de :

EPE=n=$\frac{EP}{SM}$ conformément à notre exemple 6, 000,000 CDF-1, 200,000CDF=4, 800,000 CDF. C'est-à-dire qu'on a fait : MRM-FF=EP. Si le SM est par exemple de 150,000CDF ; ce que l'EPE ou n= $\frac{4800000CDF}{150000CDF}$=**32 agents à engager**.

Notons que si on engage au-delà de l'effectif déterminé par ce calcul pour une régie, il s'agit de la pléthore. Vouloir aussi engager en deçà est un cas de pénurie d'agents au sein de la régie. Il faut foncièrement respecter l'effectif à engager ! Par conséquent, les élus provinciaux doivent cesser de recommander tous leurs membres de leurs familles au Gouverneur ou soit au Directeur Général pour travailler dans la régie. L'expérience montre que ces agents sont embauchés parfois sans procédure, et sans savoir ce qu'ils peuvent faire au sein de la régie. Conséquence, ils sont souvent en divagation, puis ils sont également sous-payés ou tout court, ne sont pas payés. Ceci crée une démotivation conduisant aux contre-performances.

Déterminer l'effectif à embaucher constitue la première étape de la bonne gestion du personnel de la régie financière provinciale. Cependant, beaucoup d'autres choses restent à faire. Dès l'embauche, il faut que ces agents soient formés, et la formation au sein d'une régie financière doit avoir un caractère continu. Conformément à l'organigramme, il faut affecter les agents engagés en fonction de leurs compétences dans les différents services de la régie.

Généralement, l'organigramme d'un tel service le subdivise en directions, divisions, bureaux et services. Chaque bureau contient des agents mis à la disposition du chef de bureau pour les différentes tâches dévolues du bureau. Le Chef de bureau doit avoir la capacité minimum de conception en vue de le permettre de féconder des activités hebdomadaires, mensuelles, trimestrielles, semestrielles voire annuelles. Il doit tout faire pour que chaque semaine, tous les agents affectés dans son bureau soient occupés. Chaque agent doit disposer des attributions

connues sans lesquelles il n'y a pas du travail pour lequel on peut engager quelqu'un.
La même logique demeure applicable pour le Chef de division, qui doit fixer des objectifs avec ses collaborateurs (chefs de bureau) pour chaque bureau. C'est en fonction de ces objectifs qu'il doit établir un système de prévision d'activités mensuelles de chaque bureau. Chaque Chef de bureau doit présenter dans une réunion de la division au début du mois, sa prévision d'activités.
La compilation de différentes prévisions par le Chef de division va le permettre à présenter à son tour une prévision d'activités de sa division à son Directeur de service. Et ce dernier doit aussi à son tour compiler les différentes prévisions de Chefs de division pour présenter au Directeur Général.
Un système de rapport mensuel d'activités de chaque bureau doit être établi. Et comme chaque prévision doit viser des objectifs précis, dans chaque rapport hebdomadaire, mensuel, trimestriel *etc* selon le cas ; il faut faire émarger des résultats précis pouvant permettre une évaluation d'activités de la période concernée.
Ayant visité beaucoup de régies financières provinciales à travers la RDC notamment dans les provinces de la Tshopo, de Bas-Uélé, de Sud-Ubangi, de Nord-Ubangi, de l'Equateur et de la ville-province de Kinshasa ; le constat demeure l'inactivité des agents ou tout simplement un chômage déguisé des agents. Et cela, à cause de la pléthore provoquée par l'embauche absurde voire parfois ethnocentriste.
Cependant, une bonne politique d'embauche prédispose une bonne gestion du personnel, et par voie de conséquence, un rendement efficace. Car les agents engagés seront bien motivés par un paiement décent, et ensuite ils seront encouragés tout compte fait, à produire les meilleurs d'eux-mêmes.

3.2.4. Effort de la maîtrise de la population fiscale

Dans une étude menée sur la problématique de mobilisation des recettes non fiscales dans les collectivités décentralisées : cas de la commune de Kérou, « le problème général relevé au sein de cette collectivité, se résume à la faiblesse du niveau de mobilisation des recettes non fiscales qui se manifeste par la non maîtrise de l'assiette fiscale et aussi par le faible niveau de recouvrement ».[95] L'une des faiblesses de régies financières provinciales demeure la non-maîtrise de la population fiscale qui implique celle de l'assiette. Ce problème conduit aux faux chiffres dans les prévisions budgétaires.

En effet, dès lors que l'assiette fiscale n'est pas maitrisée, il est difficile d'approcher la réalité dans les prévisions de recettes. Cela conduit souvent à un budget irréaliste. Cet état des choses demeure entretenu par la faiblesse d'actualisation de répertoires d'assujettis par les agents de la régie. Par conséquent, dans toutes les provinces, les élus se plaignent de la modicité de recettes que les régies mobilisent. Cependant, des milliers d'assujettis ne payent ni taxes ni impôts, et ne sont même pas inquiétés. On peut en souligner ici le cas d'impôts sur le revenu locatif et foncier.

Par ailleurs, le développement d'une province dépend largement de la capacité de la mobilisation de recettes locales, car cela peut induire positivement sur l'investissement. Toutes choses étant égales par ailleurs. Pour attester cela, « la faible capacité de mobilisation des ressources propres couplées au retard de transferts reçus de l'Etat a été identifiée comme cause de faible taux de réalisation des dépenses d'investissement ».[96] Autrement dit, ne pas maitriser la population fiscale dans chaque province, signifie ignorer la vraie capacité de mobilisation. Or on ne peut gouverner ce qu'on ignore. D'où le rôle du ministre des finances demeure dans ce cas, de stimuler la régie financière provinciale à la maîtrise de la population fiscale. Cela ne signifie pas qu'un Ministre provincial doit substituer le Directeur Général, mais il doit insister sur cet aspect, et rappeler au Directeur Général, le travail consistant à l'actualisation des répertoires qui demeure hautement importante.

Pour un Ministre provincial, la plus grande stratégie ici demeure celui d'exiger au gestionnaire de la régie, les copies de répertoires actualisés durant chaque trimestre. Et charger un conseiller à vérifier la véracité de ces répertoires. Tandis que

---

[95] Aladji *et al.*, (2020). *Problématique de mobilisation des recettes non fiscales dans les collectivités décentralisées : cas de la commune de kerou*, p. 42.

[96] Noumonvi *et al.*, (2020). *Facteurs explicatifs du faible taux de la réalisation des dépenses d'investissement dans la commune de Savalou*. Université de Parakou, p. 53.

pour le Directeur Général, il faut inciter les services à qui cette tâche est dévolue, de travailler sans cesse pour l'actualisation de répertoires. Tout compte fait, ces actions vont conduire automatiquement à la maîtrise de l'assiette fiscale.

3.2.5. Stratégie de strict respect d'attributions et d'implications de tous les acteurs.

La province est un tout au sein duquel plusieurs rouages s'interagissent en vue de produire un seul résultat global : le développement. Comme toute structure, elle est soumise à la logique de son fonctionnement. Dans ce cadre, le secteur des finances provinciales compte des acteurs qui sont invités à s'engrener dans le système de mobilisation des recettes, et de l'affectation des dépenses. De ce fait, chacun doit maîtriser ses attributions. Notons que le Gouverneur, les ministres provinciaux, les députés provinciaux, les responsables de la régie financière provinciale, les maires de villes, les bourgmestres, les Chefs de secteur, *etc.* doivent maitriser chacun son rôle dans le processus de la mobilisation des recettes.

Ayant parlé avec plusieurs cadres et agents de régies financières provinciales à travers la République, le constat demeure amer. Les procédures fiscales ne sont pas respectées. En effet, c'est parfois et souvent le Gouverneur d'une province qui se déguise en un percepteur de taxes ou impôts. Il peut ainsi empiéter une procédure amorcée à l'endroit d'un assujetti, et faire fuir les recettes publiques provinciales. On souligne la récurrence d'appels des gouverneurs lorsqu'un assujetti fait face à la loi, pour que les agents en pleine exécution des textes réglementaires puissent laisser tomber le dossier. Parfois pour des raisons qu'il se connait avec telle ou telle autorité ou connaissance du Gouverneur.

Cet état des choses montre que les taxes, redevances et impôts provinciaux frappent plus les pauvres ou encore des personnes qui n'ont pas des relations avec un Gouverneur ou soit avec les élus provinciaux. Les exemptions verbales de Gouverneurs affaiblissent lourdement les actions des agents de fiscs provinciaux. Il va de même pour les Ministres et députés provinciaux qui en principe doivent être les premiers à payer les

taxes, redevances et impôts. Cependant, ils sont les premiers à refuser de payer, mais également à faire exempter d'autres assujettis en connexion tribale ou d'autre nature avec eux.
La situation demeure la même au niveau de la régie financière provinciale. Les assujettis soumis aux procédures fiscales amorcées par les agents entrent en contact avec les responsables (Directeur général ou Directeur Général Adjoint *etc*) pour échapper aux charges qui leurs sont dévolues. Le pire demeure la facilité avec laquelle ils arrachent ces protèges désavantageux pour le trésor public auprès de ceux qui sont censés s'impliquer pour maximiser les recettes.
L'expérience dans plusieurs provinces montre que plusieurs députés provinciaux ont été à la base de refus de payer les redevances, les taxes, et les impôts par la population, juste pour avoir annoncé à cette dernière que ces charges sont illégales. Ce genre de comportement a été à la base de l'annulation de l'impôt personnel minimum (IPM) sous la deuxième république. Cependant, en finances publiques, il n'existe pas du populisme ! On ne peut jamais chercher à se rendre populaire en marchant sur les redevances, taxes et impôts dont la perception garantit la pérennité de l'Etat.
Et lorsque par défaut, la population refuse de payer une taxe, un impôt ou une redevance dont elle est habituée à payer, et constate la faiblesse de l'Etat pendant une longue période, les apparences fiscales s'effacent. La reprise devient hypothétique. Tel est le cas de l'IPM dont on a du mal à le faire payer actuellement. Cependant, il constitue l'une des sources des recettes des entités territoriales décentralisées (ETD).
Une autre face du problème demeure aussi celui du conflit entre les ETD et les Provinces. Les animateurs de ces dernières n'accompagnent pas les agents des régies financières provinciales. Ils ne veulent pas s'impliquer et brandissent des attitudes floues vis-à-vis des agents de fiscs provinciaux. Cela explique aussi la faible mobilisation des recettes dans une certaine mesure.
La stratégie de respect d'attributions et d'implications d'acteurs consiste à entrainer tous les acteurs (Gouverneurs, ministres et députés provinciaux, animateurs des ETD *etc.*) dans un

engrenage d'un seul objectif : maximiser les recettes dans le respect d'attributions et implications de tous les acteurs.

3.2.6. Stratégie de zéro détournement, zéro évasion et zéro fraude.

La stratégie de zéro détournement consiste au strict respect de lignes budgétaires prévues. Le détournement consiste à affecter à un poste de dépense quelconque, un montant prévu pour une autre activité ou un autre investissement. C'est un acte condamné par les lois de la République. Dans le cas congolais, plusieurs détournements sont opérés en fonction des intérêts propres des autorités ou encore dans l'intention de voler le denier public. Cela occasionne le renversement du gouvernement provincial, l'élection d'un autre Gouverneur qui arrive avec son gouvernement. Les conséquences sont souvent multiples. Le nouveau Gouverneur change le Directeur Général et plusieurs cadres de la régie financière provinciale voire certains agents.
De ce fait, le recommencement impacte négativement sur les recettes. Cet aspect a été abordé ci-haut. Par ailleurs, si le détournement est couplé d'absence d'actions à impacts visibles, cela suscite la méfiance d'assujettis à payer les redevances, les taxes et les impôts provinciaux.
En matière fiscale, la destination de l'impôt n'est pas connue. Car personne ne peut dicter à l'État ce qu'il doit faire avec l'impôt qu'il paye. Cependant, en finances publiques, la compensation de taxes exige directement l'amélioration de services publics auxquels elles sont chacune liée. Par exemple, les usagers de routes ont le droit d'exiger à l'État, l'amélioration de la qualité de routes après avoir payé la taxe spéciale de circulation routière. Ainsi dès lors que cette amélioration n'arrive pas, cela peut susciter la méfiance et le refus de paiement de cette taxe.
La dimension zéro évasion voudrait que les acteurs de la gouvernance des finances publiques provinciales veillent à ce qu'il n'ait pas une évasion fiscale. L'évasion fiscale est le fait qu'une taxe, une redevance, un impôt échappe au fisc et demeure longtemps ignoré(e). Cela réduit le niveau de réalisations de recettes. C'est le cas de l'impôt sur le revenu locatif dont les régies financières provinciales n'arrivent même pas à mobiliser

les 50%. Par exemple, on peut trouver dans une ville qui regorge 2000 locataires, mais seulement 500 peuvent être soumis à l'impôt sur le revenu locatif. Et souvent pour ce type d'impôt, ce sont les grands assujettis qui sont visés contrairement à la loi qui exige que tous les citoyens doivent s'acquitter de leurs obligations fiscales.

Peut-être que les agents de fiscs provinciaux négligent les petits assujettis. Or une banque ne peut pas se fatiguer d'encaisser 1 dollar car elle regorge des milliards de dollars ; et une affaire peut faillir d'être conclue à cause d'un dollar manqué. Les agents de fisc doivent chercher même le 1 dollar de l'État partout sur le territoire provincial. Cette situation demeure la même pour l'impôt foncier, l'impôt sur le véhicule communément appelé vignette dont l'organisation de sa campagne demeure souvent désordonnée, *etc*. En fait, 10 dollars multipliés par 1500 assujettis deviennent quelque chose de non négligeable !

La dimension zéro fraude voudrait dire qu'on doit pousser les assujettis à déclarer foncièrement la réalité. La fraude fiscale est à nuancer avec l'évasion fiscale. La fraude fiscale consiste pour un assujetti de déclarer en trompant le fisc soit en minorant ou en faisant échapper certains éléments de calcul. Les agents et cadres de la régie financière provinciale doivent utiliser tous les instruments juridiques en leur possession pour traquer les fraudeurs. Notons que ces instruments ont un caractère disciplinaire et éducationnel. Leur bonne utilisation couplée d'une bonne sensibilisation conduit à un civisme fiscal au fur et à mesure. Cette stratégie devient efficace lorsque les attributions sont scrupuleusement respectées.

Quelques stratégies de la gouvernance de l'économie et des finances provinciale sont étalées. Elles constituent des grandes lignes de réflexion pour tout gouvernant. Car aucune stratégie n'est universellement efficace. Chacune ne peut être adoptée qu'après une analyse profonde par des experts hautement qualifiés, qui peuvent contextualiser, et réviser. Il va de même pour la gouvernance des finances provinciales, mais bien sûr certaines stratégies y relatives sont automatiquement efficaces partout à forte proportion.

Conclusion générale

L'aggravation de la pauvreté de masse en RDC en contraste avec les attentes que portait la décentralisation post-conflits, constitue un prisme imposant une réflexion ! En effet, en réponse à la gouvernance très centralisée vue hier comme la principale cause de la situation catastrophique de la RDC (à l'époque Zaïre), la constitution du 18 février 2006 a consacré la décentralisation. Cette dernière a été considérée comme une panacée contre les multiples problèmes de la RDC qui ont entrainé cette pauvreté de masse. Cependant, l'expérience montre aujourd'hui que ce n'est pas la forme de la gouvernance (centralisée ou décentralisée) qui détermine le développement dans un pays. Mais plutôt le mode de gouvernance adoptée pour conduire au développement. D'où l'obligation de chercher des explications s'impose sous cette dimension sur le cas de la RDC !

La mise en œuvre de cette technique en RDC n'a pas du tout apporté des solutions aux misères de la population. Chaque province a été dotée d'un gouvernement, et d'une assemblée en vue d'apporter des solutions idoines aux myriades de problèmes qui criblent la population, mais sans succès. La proximité longtemps attendue n'est qu'utopique et même sans espoir aujourd'hui. Bien au contraire, on a créé d'autres problèmes aussi difficiles à résoudre par un système failli.

C'est pourquoi, cet ouvrage vient apporter quelques explications, et stratégies dans le contexte de perte d'espoir et d'inefficacité de cette décentralisation post-conflits. Suite à ce constat amer, on a opéré le choix de situer la problématique dans un cadre théorique tout en montrant les enjeux relatifs à la gouvernance de l'économie et des finances provinciales. La réflexion théorique à ce niveau a débouché sur l'affirmation selon laquelle la gouvernance de l'économie et des finances provinciales demeure idéalement le levier de décollage. Étant révélée inefficace, cette gouvernance a été diagnostiquée avec rigueur. Le résultat de ce procès est un arsenal de problèmes catégorisés en fonction de sous-secteurs économique, financier et entrepreneurial.

Sans intention de proposer des thérapies à chacun de ces maux, on a décidé de déballer quelques stratégies de gouvernance jugée

comme voies à suivre par des experts ayant la vocation de proposer aux politiques, l'arsenal de solutions thérapeutiques. Ces stratégies s'étalent sur trois grandes dimensions à savoir : politique, économique et financière.
On estime que la lecture assidue de cet ouvrage peut améliorer la capacité de tout gouvernant, mais également la possibilité de booster le développement au niveau provincial. Cet ouvrage a le mérite d'apporter beaucoup de lueurs de solutions aux problèmes relatifs à la gestion d'une régie financière provinciale. C'est connu que ces régies demeurent criblées par des problèmes multiples partout en RDC. La lecture minutieuse, et l'adoption des principes étalés dans cet ouvrage autour de la gestion d'une régie financière provinciale viennent carrément casser le permanent conflit qui oppose les ministres provinciaux de l'économie et des finances aux directeurs généraux de ces administrations.
De surcroît, cet ouvrage apporte beaucoup d'éléments de gestion axée sur les résultats aux animateurs des régies financières provinciales. En fin, c'est une référence pour tout celui qui veut évaluer les actions de développement d'un gouvernement provincial.
Cet ouvrage a aussi le mérite de combler le vide dans la formation des étudiants en Sciences Économiques et de Gestion dans le programme d'enseignement supérieur et universitaire en RDC. Il peut servir d'un outil pratique pour les enseignants de la faculté cité ci-haut. Mais il peut également servir comme un guide pour tout celui qui a la responsabilité de gouverner l'économie et les finances provinciales en RDC.
Donc, Il constitue une traduction de la réalité caractérisée par des problèmes diagnostiqués, auxquels on peut appliquer quelques stratégies que cet ouvrage dispose pour résoudre.

Références bibliographiques

Agbeviade, D. (2007). Profil de pauvreté infantile dans quatre pays de l'UEMOA : une analyse comparative basée sur l'approche multidimensionnelle de la pauvreté. *Rapport de recherche PEP, 42p.*

Aladji, O., Orou wassa, B. L., & Ayena, F. (2020). *Problématique de mobilisation des recettes non fiscales dans les collectivités décentralisées : cas de la commune de kerou.*

Anonyme, (1998). *Les enjeux de la mondialisation pour l'Afrique*, éd. Loyola, Kinshasa.

Bertrand Nathalie, Moquay Patrick. (2004). La gouvernance locale, un retour à la proximité. *Économie rurale*, n° 280, *Proximité et territoires*, 77-95

Cinquième forum pour le développement de l'Afrique. Jeunesse et leadership au XXIème siècle ; (2006). Les jeunes et développement économique en Afrique. Document thématique, centre de conférence des nations unies, Addis-Abeba.

Cotton, A., Yaich, M., Mbenga, P., Fall, K., Coxe, J., & Bakust, M. (2014). Stratégies d'influences autour des ressources minières-Cuivre, Cobalt, Coltan-dans l'Est de la République Démocratique du Congo. *Associations d'Ecole de Guerre Economique. Available: https://www. ege. fr/download/etude_minier_RDC_ege2015. pdf (Accessed 18 October 2018)*

Curbatov, O., Mahassine, M., & Gay, M. (2017). Regards dynamiques et critiques de la gouvernance des universités.

Dafflon, B., & Gilbert, G. (2018). La décentralisation au Togo : analyse économique et institutionnelle.

Daniel Jean-Marc, (2014). *Histoire vivante de la pensée économique.* Des crises et des hommes, 2ème édition Pearson référence, Paris.

Des ressources, E. D. G. (2018). *Regard des citoyens sur nos dirigeants depuis l'indépendance* (Doctoral dissertation, Université D'Antananarivo).

Dietrich, C. (2000). Commercialisme militaire sans éthique et sans Frontières. *Annuaire des Grands Lacs, 2001*, 333-364.

Dieuwke Klaver (2010). Promouvoir la Bonne Gouvernance des Entités Territoriales Décentralisées et des Provinces en RDC. *Atelier d'écriture des expériences phares dans les provinces du Sud Kivu et Orientale,* Cordaid Wageningen UR Centre for *Development Innovation.*

Eba'a Atyi R, Lescuyer G et Ngouhouo Poufoun J, *Étude de l'importance économique et sociale du secteur forestier et faunique dans les États d'Afrique Centrale. Cas du Cameroun*, in Etude de

l'importance économique et sociale du secteur forestier et faunique dans les Etats d'Afrique Centrale, *Working Paper*, CIFOR.
Ferchichi, W. (2014). L'environnement dans la nouvelle constitution tunisienne du 27 janvier 2014. *Revue juridique de l'environnement*, *39*(2), 215-218.
Gaudin, J.-P., Tawa Lama-Rewal, S. & Vairel, F. (2019). Régimes politiques, « gouvernance » et élites locales. Mutation des styles de gouvernement local dans quatre pays émergents (Brésil, Chine, Inde, Maroc). *Revue Gouvernance*, *16* (1), 1–8.
Gaynor, N. (2013). Gouvernance locale, Conflits et Consolidation de la paix en RDC.
Geoffroy, D. (2004). *La gouvernance économique : le cas de Rouyn-Noranda*. Université du Québec à Chicoutimi Université du Québec en Abitibi-Témiscamingue.
Hamel, P., & Jouve, B. (2006). *Un modèle québécois ? gouvernance et participation dans la gestion publique*. PUM.
Heyer, É., & Timbeau, X. (2017). La routine de l'incertitude. *Revue de l'OFCE*, *151*(2), 13-134.
Hibou, B., & Samuel, B. (2011). Macroéconomie et politique en Afrique. *Politique africaine*, (4), 5-27.
John, T. K., Jules, N. M. F., Madiya, K. B. M., & Moïse, P. L. (2019). Revue Africaine d'Environnement et d'Agriculture. *Revue Africaine d'Environnement et d'Agriculture*, *2*(2), 39-48.
Kabaka, P. I. (2019). La réforme forestière de 2002 en République démocratique du Congo. Essai d'évaluation de ses conséquences juridiques, fiscales, écologiques et socio-économiques.
Kachoko KK, (2021). *Réforme du secteur de l'électricité en RDC : les écueils d'une politique publique de développement*, éd. L'Harmattan, Paris.
Kahuisa Makina Jean, (2021). Série d'obstacles à la création d'une entreprise par les jeunes dans un pays en voie de développement ; cas de jeunes diplômés congolais. *International Journal of Innovation and Applied Studies,* 32(4), 457-470
Kanté, S. (2002). *Le secteur informel en Afrique subsaharienne francophone : vers la promotion d'un travail décent*. BIT.
Kaufmann, D., & Al-Dahdah, E. (2007). La Gouvernance dans le monde : constats et implications pratiques. *Présentation au colloque du Conseil National Économique et Social (CNES)*.
Koulibaly, M. (le 04 Avril 2008). Leadership et développement africain : les défis, les modèles et les principes, *Discours prononcé à la clôture de la cérémonie commémorative du 10e anniversaire du Réseau des Femmes Africaines Ministres et Parlementaires* – Côte d'Ivoire Abidjan.

Kuditshini, J. T. (2008). Gouvernance globale et administrations publiques locales congolaises : Le rôle du FMI, de la Banque Mondiale, des multinationales et des élites politiques. *Revue Internationale des Sciences Administratives*, *74*(2), 213-234.
Labazée, P. (1996). Entrepreneurs africains. Successions et transmission des patrimoines. *Journal des anthropologues*, 66(1), 97-114.
Laplante, P., & Simard, M. (2013). Les enjeux et les défis du développement territorial durable dans une région à problèmes : le cas du comté de Restigouche au Nouveau-Brunswick. *Revue de l'Université de Moncton*, *44*(1), 111-143.
Lascoumes, P., & Le Bourhis, J. P. (1996). Des « passe-droits » aux passes du droit. La mise en œuvre sociojuridique de l'action publique. *Droit et société*, *32*(1), 51-73.
Louis Second, (1910). *La sainte Bible, traduite d'après les textes originaux hébreu et grec*. Ed. Alliance biblique française.
Lwapa Embele Isenge, F. (2020). Etude de la mise en place des services pérennes de vaccination animale en milieu rural en RDC : Cas de l'Etude de la mise en place des services pérennes de vaccination animale en milieu rural en RDC : Cas de la maladie de Newcastle dans trois provinces du Sud-Ouest.
Mabiala, (2009). Les Fondements de la décentralisation, (sous la direction de) Mabiala, *Le processus de la décentralisation en RDC*, Konrad Adenauer, 15-54.
Mabiana Mantuba-Goma, Les Fondements de la décentralisation, (sous la direction de) Mabiana Mantuba-Goma P, (2009). *Le processus de la décentralisation en RDC*, Konrad Adenauer, 15-54.
Makina, J. K. (2021). Série d'obstacles à la création d'une entreprise par les jeunes dans un pays en développement : Le cas de jeunes diplômés congolais. *International Journal of Innovation and Applied Studies*, 32(4), 457-470.
Masamba Famode David & Ndaba Modeawi Modeste, (2020). Relation commerciale entre l'Occident et la RDC à l'épreuve de la compétition : D'objectifs contradictoires aux stratégies palliatives, *International Journal of Applied Research,* 6(3), 264-271
Mayebo, P. N. (2019). *Éclatement de la Fonction Publique Congolaise : État de lieux de la Fonction publique provinciale et perspectives*. Éditions universitaires européennes.
Meisel, N., & Aoudia, J. O. (2008). L'insaisissable relation entre « bonne gouvernance » et développement. *Revue économique*, *59*(6), 1159-1191.

Mmenge, A., Binwa, B., & Gahungu, D., (2020). Analyse de la gouvernance des petites et moyennes entreprises familiales de la ville de Bukavu en RDC. *African Crop Science Journal*, 28(1), 271-287.
Mucchielli René, (1979). *Organisation et Structure de l'entreprise*, éd, Publierions, Paris.
Nahi, P. C. (2021). Décentralisation des politiques éducatives en Côte d'Ivoire : Les effets structurants des motivations politiques sur les résultats de l'action publique locale, *European Scientific Journal*, ESJ, 17(1), 167-195
Nations Unies, (2006). Les jeunes et développement économique en Afrique. *Document thématique*, centre de conférence des nations unies, Addis-Abeba.
Nayonda Albert, (2019). Travail de fin de cycle, Département Sciences commerciales et administratives, Institut Supérieur Pédagogique de Yakoma, *inédit*.
Noumonvi, L., Atchade, D., & Bokini, S., (2020). *Facteurs explicatifs du faible taux de la réalisation des dépenses d'investissement dans la commune de Savalou*. Université de Parakou.
Ntambue-Tshimbulu, R., & Bordeaux, C. I. (2004). Surmonter les contraintes spatiales et politiques du déploiement et de l'appropriation de l'Internet en RDC ? *Mondialisation et technologies de la communication en Afrique*, 145-168.
Oyong Muyer, (1996). Réforme d la Territoriale de l'administration et des entreprises publiques. *Quelle économie pour le Zaïre ?* Kinshasa, éd. PUFK, 195-220.
Peemans J, Esteves A, Laurent J., (1995). *Stabilité politique, Ethnicité et dimensions socioéconomiques de la gouvernementalité locale*, Tome 9, Bruxelles, AGCD
RDC-MECNT, (2012). *Rapport national synthèse sur le développement durable en RDC.*
Sahgui, A., Allognon, M. G., & Thoo, K. A. F., (2018). *Le pouvoir de régulation budgétaire du ministre de l'économie et des finances*. Université de Parakou.
Samuelson P, (1970). *L'Economique*, tome II, éd. Arman Colli, Etats-Unis.
Schatz Albert, (1907). *L'individualisme économique et social*, France, Institut COPPET.
Senda Lusamba Joseph, (2012). L'école congolaise au service du politique : un regard rétrospectif. *Contribution à la réalisation des objectifs du millénaire pour le développement en RDC. Rôle de la compétitivité dans le processus de développement.* Actes de la grande conférence de la Faculté des Sciences Economiques et de Gestion, IRES, éd. Universitaire, 307-318.

Shomba, (2012). Méthodologie de la recherche scientifique. Les ficelles de captage et les logiques d'analyse des données, éd. PUK, Kinshasa.
Totouom, A. (2018). Les obstacles au développement industriel de l'Afrique. *L'Actualité économique*, 96(3), 363-387.
Toukea, D., & Olinga, J. M. (2016). La mobilisation des collectivités territoriales camerounaises dans la gouvernance mondiale du climat : une paradiplomatie de la ville de Douala au service du développement local ? *Global Environmental Politics*, *16*(3), 12-22.
Tshomba Kalumbu John, Nkulu Mwiné Fyama Jules, Kalambaie Binn Munanya Madiya Moïse et Phillipe Lebailly, (2019). Analyse des effets des programmes de subvention sur la performance des cultures céréalières (Maïs Zea Mays L., et Riz Oriza sp.) en RDC et en Zambie. *Revue Africaine d'Environnement et d'Agriculture*, (22), 39-48
Uzunidis, D. I. M. I. T. R. I., & Yacoub, L. (2008). Le développement dans la mondialisation : crise de la gouvernance mondiale et retour de l'Etat. *Recherches internationales*, 84, 105-131.
Verina I, Ndoye O., Midoko D, Chupezi J, et Nazi R, (2012). Les Produits forestiers non ligneux : contribution aux économies nationales et stratégies pour une gestion durable. Disponible sur http : //dare.uva.nl/document, CIFOR, FAO, IRET, 137-154.
Williamson O.E. (1981). The Modern Corporation: Origins, Evolution, Attributes. *Journal of Economic Literature*, volume xix, 1 537-1 568.
Wola-Mbale, (1996). Le rôle du système bancaire dans le développement de l'économie sociale de marché. *Quelle économie pour le Zaïre. Actes de IXème Séminaire scientifique,* Kinshasa, FCK, pp. 441-458.
Yanelle M O, (sd). *Crédit et Banque, Microéconomics of banking.* Diffusion universitaire, (DUC).
Yao Assogba, (2000). Gouvernance, économie sociale et développement durable en Afrique. *Cahiers de la Chaire de recherche en développement communautaire*, éd. CRISES et CRDC Université du Québec à Hull, Série Recherche no. 16, 36.
Yawidi Mayinzambi J P, (2020). *Procès de la société congolaise*, éd. Mabiki, Kinshasa-Bruxelles.

Table des figures

Table des matières

Structures éditoriales du groupe L'Harmattan

L'Harmattan Italie
Via degli Artisti, 15
10124 Torino
harmattan.italia@gmail.com

L'Harmattan Hongrie
Kossuth l. u. 14-16.
1053 Budapest
harmattan@harmattan.hu

L'Harmattan Sénégal
10 VDN en face Mermoz
BP 45034 Dakar-Fann
senharmattan@gmail.com

L'Harmattan Cameroun
TSINGA/FECAFOOT
BP 11486 Yaoundé
inkoukam@gmail.com

L'Harmattan Burkina Faso
Achille Somé – tengnule@hotmail.fr

L'Harmattan Guinée
Almamya, rue KA 028 OKB Agency
BP 3470 Conakry
harmattanguinee@yahoo.fr

L'Harmattan RDC
185, avenue Nyangwe
Commune de Lingwala – Kinshasa
matangilamusadila@yahoo.fr

L'Harmattan Congo
219, avenue Nelson Mandela
BP 2874 Brazzaville
harmattan.congo@yahoo.fr

L'Harmattan Mali
ACI 2000 - Immeuble Mgr Jean Marie Cisse
Bureau 10
BP 145 Bamako-Mali
mali@harmattan.fr

L'Harmattan Togo
Djidjole – Lomé
Maison Amela
face EPP BATOME
ddamela@aol.com

L'Harmattan Côte d'Ivoire
Résidence Karl – Cité des Arts
Abidjan-Cocody
03 BP 1588 Abidjan
espace_harmattan.ci@hotmail.fr

Nos librairies en France

Librairie internationale
16, rue des Écoles
75005 Paris
librairie.internationale@harmattan.fr
01 40 46 79 11
www.librairieharmattan.com

Librairie des savoirs
21, rue des Écoles
75005 Paris
librairie.sh@harmattan.fr
01 46 34 13 71
www.librairieharmattansh.com

Librairie Le Lucernaire
53, rue Notre-Dame-des-Champs
75006 Paris
librairie@lucernaire.fr
01 42 22 67 13

www.ingramcontent.com/pod-product-compliance
Lightning Source LLC
LaVergne TN
LVHW051404061026
849535LV00009B/3352
* 9 7 8 2 1 4 0 3 1 5 8 7 9 *